Didática do Nível Silábico

Esther Pillar Grossi

Didática do Nível Silábico

20ª edição revista

Paz & Terra
Rio de Janeiro
2022

©autora
Copydesk: Victor Enrique Pizarro
Capa: Miriam Lerner

Dados Internacionais de Catalogação na Publicação (CIP)
(Câmara Brasileira do Livro, SP, Brasil)

Grossi, Esther Pillar.
    Didática da alfabetização / Esther Pillar Grossi. – 20ª ed. –
Rio de janeiro: Paz e Terra, 2022.
    Conteúdo: v. I. Didática dos níveis pré-silábicos- v.2.
Didática do nível silábico. - v. 3. Didática do nível alfabético.
I. Alfabetização 2. Alfabetização (Pré-escola)
I. Título

                               CDD-372.21
                               -372.41
90-0765   372.4140981

Índices para catálogo sistemático:
1. Alfabetização: Pré-escola: Educação 372.21
2. Alfabetização: Ensino de 1º grau 372.41
3. Brasil: Alfabetização: Projetos: Ensino de 1º grau 372.4140981

1ª edição: 1º semestre 1990

Rua Argentina, 171, 3º andar – São Cristóvão
Rio de Janeiro, RJ – 20921-380 – Tel.: (21) 2585-2000
www.record.com.br

Seja um leitor preferencial Record.
Cadastre-se no site e receba informações sobre
nossos lançamentos e nossas promoções.

Atendimento e venda direta ao leitor:
sac@record.com.br

2022
Impresso no Brasil / *Printed in Brazil*

A *Fernando Linei Kunzler*, com quem fiz psicanálise, dedico este livro e a poesia que com ele aprendi a dar sentido. Ela sintetiza a base indispensável para aprender, isto é, ter uma falta a preencher.

Ausência
Por muito tempo achei que a ausência é falta.
E lastimava, ignorante, a falta.
Hoje não a lastimo.
Não há falta na ausência.
A ausência é um estar em mim.
E sinto-a, branca, tão pegada, aconchegada nos meus braços,
que rio e danço e invento exclamações alegres,
porque a ausência, essa ausência assimilada,
ninguém a rouba mais de mim.

Carlos Drummond de Andrade

Índice

1. Aprende-se mergulhando na rede de um campo conceitual.................................9

2. Instrumentalizando as histórias significativas dos alunos – Prefácio de Madalena Freire.................................21

3. O que é estar no nível silábico?.................................25

4. Densidade, equilíbrio integrador e encadeamento no planejamento e na execução de uma aula.................................45

5. O relato de uma semana de trabalho.................................48

   segunda – Retomando a rotina, confecção de bonecos, leitura e escrita de textos.................................50

   terça – Artes plásticas, alfabetos-diploma e muita matemática.................................66

   quarta – Uma batida policial domina o clima da aula.................................87

   quinta – Atividades diversificadas, por níveis psicogenéticos.................................96

   sexta – Reorganização dos grupos áulicos e preparação do Dia das mães.................................117

6. O que fazer com os alunos silábicos?.................................137

7. Este modo de alfabetizar foi à Londres.................................162

Aprende-se mergulhando na rede de um campo conceitual

O êxito de suas aplicações por professoras criativas, com iniciação científica em Didática, desde Rondônia até o Rio Grande do Sul, com resultados cada vez mais animadores, encoraja-nos e nos impulsiona a tornar ainda mais conhecidas as Didáticas dos níveis pré-silábicos, silábico e alfabético, aparecidas já há algum tempo, publicadas pelo Geempa (Grupo de Estudos sobre Educação, Metodologia de Pesquisa e Ação).

Os prefácios de Barbara Freitag, Madalena Freire e Sara Pain, em cada uma das Didáticas, avalizam e reforçam nossas convicções, face à competência de cada uma delas.

Da nossa parte, tanto nos trabalhos do Geempa, onde continuamos as pesquisas de alfabetização e aprendizagem, como na Secretaria Municipal de Educação de Porto Alegre, desde 1º de janeiro do corrente ano, temos a oportunidade de avançar na compreensão do que se passa na cabeça de nossos alunos enquanto aprendem a ler e a escrever. Testemunha isso o que acabamos de apresentar em Alfabetização: uma questão popular, publicação que nasceu a partir das inúmeras perguntas dirigidas a Emilia Ferreiro, quando, a 12 de julho deste ano, ela proferiu uma palestra para 14 mil professores reunidos em um ginásio de esportes em Porto Alegre.

Neste texto apresentamos uma noção muito nova que emerge da continuação de nossos estudos. Trata-se da noção de zona proximal no processo de alfabetização, a qual amplia de muito a noção de nível psicogenético na escrita ou na leitura.

Em primeiro lugar, reforçamos o que já acenávamos nas três Didáticas, de que não há simultaneidade entre os processos de aquisição da leitura e da escrita enquanto eles se dão. Justamente a compreensão de que a leitura e a escrita são duas ações inversas representa uma culminância na caminhada da alfabetização. Por outro lado, mesmo considerando a escrita (ou a leitura em separado), pode-se estar em níveis diferentes se se tratar de unidades linguísticas diferentes.

Acresce-se a esta realidade o fato de que a associação entre sons e letras é uma problemática paralela à compreensão de como as letras se articulam para produzir a escrita e propiciar a leitura de palavras, frases e textos.

A combinatória das performances dos alunos nestes eixos por onde se dá a alfabetização – a escrita, a leitura, a associação entre as letras e sons e unidades linguísticas – é que caracteriza o que passamos a chamar de zona proximal nesta aprendizagem.

O quadro a seguir expressa graficamente o que acabamos de explicar.

Esquema de ordem parcial que explica a alfabetização

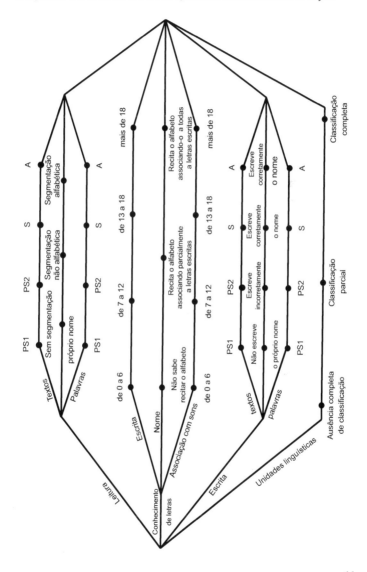

Para exemplificar concretamente como isto se passa, tomemos os casos de M. J. e de I.

A zona proximal na aprendizagem de M.J. no mês de setembro de 1989 podia ser representada pela região espacial do quadro abaixo.

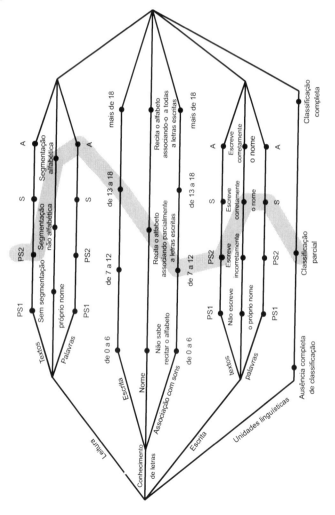

A combinatória dos desempenhos de M. J. é muito rara, porque ele apresentou uma escrita silábica de palavras, enquanto pré-silábica na frase, mas mostrou-se alfabético na leitura do seu próprio nome, bem como de outras palavras e uma frase. No entanto, era pré-silábico para ler textos, e na associação entre letras e sons demonstrou algumas respostas intrigantes, tais como a de identificar U como H de tatu, G como J de gato, J como J de Marcos.

Estudando as respostas de M. J., foi possível estabelecer certas correlações com algumas de suas características pessoais que conduziram a professora a programar intervenções didáticas especiais para ele.

Por outro lado, I. tem um conjunto muito mais homogêneo de respostas que o de M. J.

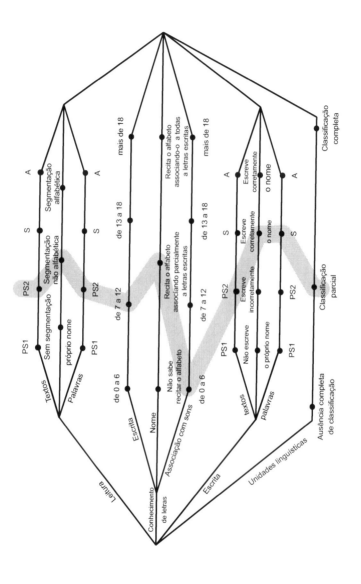

Os elementos para esta caracterização dos dois alunos através de observações em sala de aula, bem como do conjunto das tarefas sobre os eixos em torno dos quais gira a alfabetização, são descritos em Alfabetização: uma questão popular e em Aula-entrevista.

Segue-se a descrição dos resultados obtidos por I.

A escrita do nome próprio e de quatro palavras e uma frase:

7a 2m ISRAEL

GA BOLA (2)

ORB BOLITA (3)

BRAE BICICLETA (4)

O BEM GRANDÃO (1)

ORABSELF

O MENINO GOSTA DE JOGAR BOLA.

ANTES DE ESCREVER, CONTOU AS SÍLABAS NOS DEDOS.

Leitura do nome

Israel, que escreve seu nome de memória corretamente, associa a segmentos escritos do seu nome segmentos parciais do seu próprio nome falado (Isra, El). Lê silabicamente – IS (Isra).

Faz exigência da conservação da ordem das letras, para que seja o seu nome, mas não tem a exigência do sentido esquerda-direita para a sua validade escrita.

Produção e leitura de uma história

Muito prontamente, ditou a sua história, como segue:

ERA UM APARTAMENTO DE DOZE ANDARES.
AI O ZELADOR ENTROU NO APARTAMENTO
OUVIU UM BARULHÃO UAAA! UAAA!
AI EU VOU OLHAR NESSE BURACO.
QUE BAITA ALTURA! VOU TOMAR UM
POUQUINHO DE ÁGUA. NÃO PODE SER UM
SAPO! VAMOS TODO MUNDO TOCAR PEDRA
NELE? TIROU O PARAFUSO CAIU TODO O
APARTAMENTO. O SAPO MORREU.
QUEBROU A PERNA E DISSE: NUNCA
MAIS ENTRO NESSE APARTAMENTO
DESSA ALTURA.

Após escrevê-la, foi lida todinha para ele. Então lhe foi passado o texto recém-escrito e lido, para que ele fizesse a sua leitura. Ele a fez, vinculando as palavras de sua história, as quais ele sabia de memória, linha por linha no texto escrito.

Por este fato, vê-se que Israel não é pré-silábico 1 na leitura do texto, porque não fez nenhuma referência à necessidade de desenho para poder lê-la.

Outrossim, não é silábico, porque não fez a sua leitura associando cada sílaba oral a uma letra do texto. Neste caso, sempre sobra texto escrito após a leitura. E isto não sucedeu com Israel. Ele terminou sua pseudoleitura no final do texto escrito.

Leitura de palavras isoladas

Após a leitura de sua história, foram-lhe apresentadas as mesmas quatro palavras da tarefa escrita para ver se as "lia".
– para BOLA, ele leu SAPO;
– para BOLITA, leu APARTAMENTO;
– para BICICLETA, leu... O ZELADOR ENTROU DENTRO DELE;
– para SOL, leu UAU.

Ele não faz nenhuma associação entre letras escritas e sílabas orais. Esta "leitura" revela novamente que sua concepção na leitura de palavras é pré-silábica 2.

Israel é, portanto, silábico na escrita de palavras e de uma frase e pré-silábico 2, tanto na leitura de palavras como de texto. Entretanto, na leitura de seu nome dá indícios de leitura silábica, e isto faz coerência com o fato de que é necessária para ele a conservação da ordem das letras para que seja o seu nome.

Israel e o conhecimento das letras

Ele conhece os nomes de doze letras, a saber: A, E, B, I, J, L, M, O, S, T, V, X.

Sabe, também, ao menos uma palavra que comece por cada uma delas.

As letras B, C, D, F, P, Q, R, U e Z não são por ele denominadas, mas conhece alguma palavra que comece por elas, em geral uma só.

As letras H e N, ele não sabe nem o nome nem qualquer palavra que inicie por elas. Perguntado se com elas não se escreve, ele respondeu: "Se escreve, sim! Eu é que não sei qual".

Para a letra I, a do seu nome, ele citou as quatro palavras seguintes: Israel, Igor, Iscócia, Iscoteiro.

Para a letra V, citou Vera, Vanessa e a outra Vanessa também. Quer dizer, não lhe era evidente que dois nomes iguais foneticamente tivessem a mesma primeira letra, uma vez que pertenciam a duas meninas não iguais.

***

Vê-se que a noção de zona proximal, por ser muito mais ampla que a noção de nível psicogenético, é muito mais personalizante dos progressos de cada aluno que uma classificação que tome por base a performance na escrita ou na leitura de uma só das unidades linguísticas.

Propor-se uma caracterização bem pessoal de cada aluno não implica que o ensino deva ser individualizado para ser eficiente. Muito pelo contrário, aprende-se em interação com os outros, e a riqueza das trocas entre alunos em níveis diferentes, numa turma que tenha por volta de trinta alunos, não só é aceitável, mas desejável. Entretanto, conhecendo-se cada vez mais profundamente como se constrói a aprendizagem da leitura e da escrita, melhor se pode planejar e organizar os trabalhos de aula. É o que vem acontecendo com muitos professores pelo Brasil afora, que estão construindo a cada ano uma confiança bem fundamentada de poder alfabetizar todos os alunos de uma turma, em escolas das periferias urbanas, compostas de crianças oriundas de famílias das classes populares. Muito particularmente, vale citar Vera Manzanares, nossa companheira do Geempa, que ganhou o prêmio "15 de outubro – Alfabetização, um desafio nacional", do Ministério da Educação, por sua ousadia, competência e eficácia na regência de três turmas de alunos muito pobres, cujos resultados quantitativos foram de 75%, 100% e 100% respectivamente, aliados à excelência da qualidade da alfabetização produzida.

Na certeza de que no Brasil não há mais recuo no direcionamento da alfabetização, a partir das descobertas de Emilia Ferreiro, associadas à antropologia pedagógica eminentemente engajada de Paulo Freire e ao esforço de grupos como o Geempa, que fazem a transposição didática destas ideias, congratulamo-nos e nos congraçamos com todos aqueles que estão comprometidos com a luta fascinante para alfabetizar no menor espaço de tempo possível o maior número de alunos.

Porto Alegre, outubro de 1989

Instrumentalizando as histórias significativas dos alunos

Prefácio de Madalena Freire

Ao longo desses dez anos de trabalho sistemático, árduo, inspirado na teoria de Emilia Ferreiro, Esther Pillar Grossi e a equipe do Geempa vêm-se empenhando na construção de uma didática construtivista* da lecto-escritura. Proposta esta agora, lançada em livro.

Aproveitando esses espaços, gostaria de lançar algumas questões que julgo importantes para o entendimento desta metodologia.

Primeiramente, salientar que a didática para cada nível aqui abordado não poderá ser vista de forma estanque, desvinculada ou de maneira niveladora das hipóteses em construção pelas crianças. Pois, desta forma, fatalmente se transformará numa "cartilha" a mais, desvirtuando-se dos objetivos aqui praticados.

Assim como as hipóteses formuladas pelas crianças fazem parte de um movimento de idas e vindas, a construção das mesmas hipóteses na prática de uma didática construtivista segue o mesmo fluxo.

Fundamental é que o educador alfabetizador, seja ele professor ou orientador, perceba que, para poder trabalhar este movimento de construção das hipóteses, tanto da criança

---

* Que é definida hoje, como pós-construtivista

quanto sobre as dele na construção didática, é indispensável conhecer, detalhadamente, os desafios cognitivos de cada uma. Desta forma, poderá construir sua intervenção, refletida, elaborada, buscando desequilibrar e encaminhar adequadamente a hipótese que desafia cada aluno. Neste sentido, esse educador alfabetizador exercita sua pesquisa cotidiana, não com os mesmos objetivos do pesquisador acadêmico, mas como aquele que investiga e indaga sobre as hipóteses que almeja *constatar na sua ação pedagógica*.

Caso contrário, sua intervenção se dará de modo vago, impreciso, correndo o risco de cair numa prática espontaneista, como também cairá em extremo oposto se, *mecanicamente,* rotular seus encaminhamentos e propostas de atividades, "só para os silábicos, só para os pré-silábicos, só para os alfabéticos".

A importância do trabalho da Esther Pillar Grossi e do Geempa está precisamente em lançar esta contribuição de uma proposta didática, respondendo às ideias inspiradoras de Emilia Ferreiro. Outras metodologias, práticas pedagógicas inspiradas nesta mesma teoria deverão emergir. Este é o nosso desafio como pedagogos.

Como bem salienta Sara Pain em seu prefácio, também nesta publicação, "A didática é a disciplina que liga o âmbito do conhecimento ao âmbito da aprendizagem, estabelecendo as metodologias ou normas de ação que conduzem a lograr objetivos pedagógicos explícitos, os quais se referem, neste caso, à aquisição da lecto-escritura". Outra questão que gostaria de assinalar é em relação ao "nascimento" das atividades.

Nesta concepção de educação, pedagogia e metodologia, toda atividade nasce da observação e da leitura que o educador faz da realidade significativa, inserida na *história do grupo*.

Através do que é significativo, em nível individual e coletivo, o educador "lê", diagnostica o que o educando *sabe* e o que, ao mesmo tempo, ainda não *conhece*. Para, assim, partindo do que o educando sabe, instrumentalizar a busca do que ainda não conhece.

Dessa maneira, toda proposta de atividade lançada pelo educador deve buscar atender a:

– o que é significativo dentro da *história* desse grupo?

– o que sabem e o que ainda não conhecem.

Pois cada grupo é um grupo, com sua história única. Neste sentido, toda atividade pedagógica é "partejada", *criada*, *produzida* por cada educador no seu grupo e não meramente *reproduzida*, *copiada*, alienada do significativo vivo da história do grupo.

O desafio que se elabora na leitura deste livro é o de recriar, repensar as atividades a partir da realidade, da história de cada educador com seu grupo. Caso contrário, estaremos desvirtuando os princípios teóricos que fundamentam essas ideias.

Acreditando que esta publicação proporcionará avanços à discussão de nossa prática alfabetizadora, especialmente àqueles educadores que trabalham com as classes populares, faço por fim meu convite à sua leitura atenta.

São Paulo, agosto de 1989

O QUE É ESTAR NO NÍVEL SILÁBICO?

*Duplas de Wallon e fases dialética
e discursiva de Piaget*

Este livro leva o título de *Didática do nível silábico,* mas ele é fruto de uma compilação de desdobramentos psicogenéticos e didáticos que caracterizam os estudos do Geempa sobre alfabetização. Dentre esses desdobramentos figura a necessidade de enfatizar que a trilogia das Didáticas dos Níveis Pré-silábicos, Silábico e Alfabético não representa momentos distintos do trabalho de alfabetização, mas, ao contrário, devem ser operacionalizadas simultaneamente, atendendo à benéfica heterogeneidade dos níveis dos alunos numa mesma sala de aula e à interferência de outros fatores, como a associação das letras aos sons na leitura e na escrita. É neste sentido que a descrição de uma semana de trabalho global numa turma de alfabetização é sugestiva da concretização, tanto da diversificação de tarefas como da integração das disciplinas, mergulhada na inserção da realidade específica das experiências de uma turma, numa população particular.

Por outro lado, é importante que sejam dados a conhecer os progressos na compreensão do processo de alfabetização, que incluem a subdivisão dos níveis pré-silábicos em 1 e 2 e a redefinição dos conflitos de passagem, tendo já sido visto que as escritas silábico-alfabéticas fazem parte do nível alfabético. A exposição sobre estes progressos encontra-se no capítulo 'Este modo de alfabetizar foi à Londres', que compreende também uma síntese histórica da construção da proposta de alfabetização do Geempa e de suas características essenciais como expressão do seu espírito e das suas bases científicas. Aquele capítulo contém também a distinção entre estudos cognitivos e estudos didáticos, distinção esta que já foi estabelecida por Piaget nos anos de 1960, quando prefaciou o livro de Hans Aebli, *Didática Psicológica*.

Ele refere-se textualmente a "extrair as aplicações pedagógicas, especialmente didáticas, das pesquisas que pudemos fazer sobre o desenvolvimento das operações intelectuais na criança". A extração dessas aplicações didáticas das descobertas cognitivas não se confunde de forma alguma com a elaboração de cartilhas ou de receitas que seriam repetidas mecanicamente. Trata-se de criar um conjunto orgânico de atividades didáticas que conduzem a uma nova atmosfera da alfabetização, onde o aluno é considerado como um ser pensante que constrói os seus conhecimentos na interlocução com quem sabe mais do que ele, com quem sabe tanto quanto ele e com quem sabe menos. Este novo contexto, que inclui a simultaneidade de trabalho para alunos em diversos níveis do processo cognitivo, não surgirá da intuição ou da criatividade espontânea de professores, mas frutificará a partir de um amplo esforço conjunto de pesquisas, a saber, as pesquisas didáticas para as quais participam indiretamente os professores, alçados à condição de colaboradores científicos.

A caracterização, definição e operacionalização da didática, como um campo específico do conhecimento, é de importância capital para o enfrentamento do desafio que representa o número de analfabetos jovens e adultos no mundo, e que aumenta de forma alarmante como resultado da ineficiência do ensino fundamental, o qual logra alfabetizar em cada ano letivo apenas 50% dos alunos.

Neste capítulo e no seguinte encontram-se elementos precípuos sobre a didática do nível silábico, os quais estão sendo alvo de significativos avanços científicos, na medida em que se compreende que os níveis já definidos – a saber, pré-silábico 1 e 2, silábico e alfabético – dizem respeito somente a alguns aspectos do processo. Sabe-se também que leitura e escrita não caminham com simultaneidade, ao contrário, guardam certa independência durante parte do processo de alfabetização e estão inseridas num contexto ainda mais amplo, o qual inclui outras áreas de construção da inteligência. Entre elas, citamos as das aprendizagens matemáticas e da expressão gráfica, a do estudo das formas e da posição das letras e de sua associação aos sons e a da categorização e das inter-relações de unidades linguísticas.

Abordamos a seguir como se dá a passagem do pensamento dos alunos do nível pré-silábico 2 para o silábico, apontando como pré-requisito a aquisição da estabilidade da escrita das palavras e como ela é conquistada. Esta conquista, como todas as outras no terreno cognitivo, articula-se à constatação central de que "se aprende formulando problemas" e que a "ação" que desenvolve a inteligência é sinônimo de formulação de problemas. Passamos então à hipótese de base do nível silábico, que é a correspondência quantitativa entre sílabas orais e letras escritas, e da sua conciliação com a hipótese da quantidade mínima de letras numa palavra, bem como com vários outros problemas linguísticos imbricados neste nível.

Isto nos leva à fecunda concepção de Henri Wallon* sobre o pensamento por duplas. A compreensão de que leitura e escrita configuram dois ramos com certa desvinculação da árvore da alfabetização, amplia a compreensão de como pensam os alunos silábicos.

Esta compreensão é ainda melhor se virmos como o processo de associação das letras aos sons guarda certa independência com os ramos da leitura e da escrita, de cuja combinação resulta uma gama ainda mais ampla de sujeitos silábicos.

Prerrequisitos para o nível silábico

A possibilidade de instalar-se o conflito que caracteriza a passagem do pré-silábico 2 para o silábico tem como pré-requisito a compreensão da estabilidade da escrita das palavras, isto é, a conquista de que uma palavra é escrita sempre da mesma maneira – com as mesmas letras e numa mesma ordem. Dar-se conta de que as palavras são estavelmente constituídas é a culminância do nível PS2. Esta culminância é alcançada através da experiência de reconhecimento da escrita global de um certo número de palavras, sendo, portanto, indispensável que os alfabetizandos tenham razões para guardar na memória um conjunto de palavras que lhes propicie a ideia de estabilidade da sua escrita.

Enfatizamos, a conquista desta estabilidade se faz por meio de um trabalho amplo com a escrita de *muitas* palavras significativas. Trata-se de um trabalho e não de um mero con-

---

* Henri Wallon, *As Origens do Pensamento na Criança,* Paris, PUF, 1945.

tato com escritas, uma vez que o que preside a aprendizagem é a ação e não a percepção. Por sua vez, a ação que produz a aprendizagem gira em torno de diligências para formular problemas. Por muito tempo se confundiram essas diligências com motricidade ou com engajamento em experimentações concretas, como preconizou a escola ativa. Hoje sabemos que agir intelectualmente é formular problemas sendo que nesta perspectiva, problema não tem nem conotação negativa nem limitada à sua visão convencional no campo da matemática. Aqui, problema é considerado como uma situação intelectual em que se busca uma resposta ou uma explicação, ou em que se visa a produzir um efeito que se apresenta como desejável, porque importante.

A posição epistemológica de base, hoje, é a de que "aprende-se formulando problemas".

Portanto, o que leva um aluno à estabilidade da escrita, é o seu enfrentamento com um espaço de problemas referentes à escrita, que sejam capazes de ser por ele trabalhados, isto é, que estejam à altura de sua capacidade de compreendê-los e que sejam socioafetivamente ricos de sentido e de valor para ele.

Para que um aluno chegue à estabilidade da escrita das palavras, ele necessita superar a concepção de que cada ente é representado por escrito de modo individual, por exemplo precisa superar a fantasia de que "a sua letra" (a inicial do seu nome) não é compartilhada também por outras pessoas. Ela descobre também que dois nomes iguais, embora de pessoas diferentes, se escrevem da mesma maneira. É dentro deste contexto que começa a procura pela explicação de porque a "sua" letra é também inicial de outros nomes. Análises sonoras, tanto sobre as iniciais como sobre o desmembramento oral das palavras em sílabas, constituirão a porta de entrada para a vinculação pronúncia-escrita.

Hipótese de base do nível silábico

Esta vinculação pronúncia-escrita conduz à hipótese de base do nível silábico, que é a da correspondência **quantitativa** de sílabas orais com letras isoladas. A correspondência **qualitativa** dos sons às letras é inerente à outra área da alfabetização e pode ou não ocorrer junto com a vivência do nível silábico na leitura e na escrita. Um sujeito pode viver plenamente o seu nível silábico, sem se preocupar nem com as correspondências sonoras convencionais nem com a forma arbitrária das letras.

Realmente, o que define o nível silábico é a segmentação quantitativa das palavras em tantos sinais gráficos quantas são as vezes que se abre a boca para pronunciá-las. Vejam-se como ilustrativas destas afirmações as produções de Fábio, Alice, Gisele e Augusto.

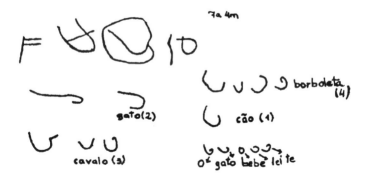

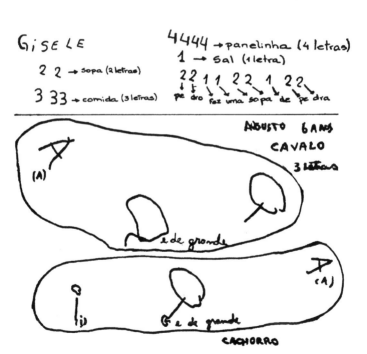

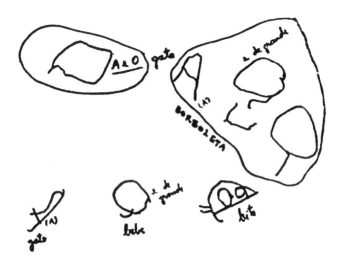

Fase discursiva do nível silábico

Instaurada a hipótese da correspondência quantitativa entre a segmentação oral e sinais gráficos, muitos sujeitos já utilizam letras convencionais. Destes, os que só concebem escrita com três ou mais letras defrontam-se com o problema de conciliar a segmentação de palavras dissílabas (duas letras) e monossílabas (uma letra) com esta sua hipótese da quantidade mínima de letras para escrita. É o período em que estes alunos acrescentam letras, sobretudo às suas escritas de palavras dissílabas e monossílabas, como meio de transformá-las em "verdadeiras escritas". Já são muito conhecidos os desempenhos desses sujeitos. A prevalência da hipótese silábica sobre a hipótese da quantidade mínima de letras representa a culminância do nível silábico em sentido estrito, isto é, o que se refere somente à junção de letras para escrever palavras ou textos. Estabelecida esta prevalência, o sujeito, via de regra, vive um período de deslumbramento com sua descoberta, durante o qual ele se encanta em escrever silabicamente, não lhe restando a menor disponibilidade para questioná-la. Escreve e escreve muito silabicamente, se este espaço lhe for concedido, o qual didaticamente é absolutamente desejável, porque útil ao processo. É como se ele estivesse se fortalecendo na afirmação de sua capacidade de explicar a escrita, o que o prepara para enfrentar a nova catástrofe, que lhe exigirá a reformulação de suas conquistas cognitivas para passar a alfabético.

Por outro lado, há alunos silábicos* que fazem diferente segmentação, ao escrever palavras isoladas ou ao escrever frases. Nas palavras isoladas, cada sílaba oral é escrita com uma letra, e nas frases cada palavra é representada por uma letra. Este comportamento é muito frequente entre alfabetizandos, o que não significa necessariamente algo não desejável ou impróprio. Veja-se neste caso a escrita de Iboti. Ele evidencia um manejo amalgamado de unidades linguísticas. A palavra muda de estatuto escrito, se isolada ou no contexto de uma frase. No entanto, seu desempenho revela que a palavra é, pelo aluno, identificada como tal na frase. Ele associa letra ora à sílaba oral, ora a várias sílabas orais, tantas quantas constituírem uma palavra (na frase). Temos encontrado, a respeito da categorização de unidades linguísticas, competências muito diversas entre alunos. Perguntando sobre as características de frases, palavras, sílabas e letras, sobre a distinção ou sobre os vínculos existentes

---

* Quando simplificadamente escrevemos "alunos silábicos" ou a "alunos alfabéticos" referimo-nos a alunos que estão, num determinado momento do seu processo de alfabetização, neste nível e não que são silábicos ou alfabéticos.

entre elas, as respostas das crianças são reveladoras de elaborações muito complexas, que estão a demandar maiores estudos para a sua compreensão.

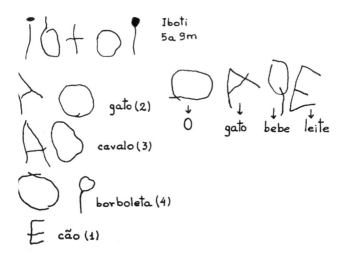

A título de ilustração, relato o acontecido em Florianópolis, na aula de Edite Nicolet, quando ela propunha a tarefa das quatro palavras e uma frase a um de seus alunos que já estava alfabético. Após a conversa sobre suas distrações preferidas, ela pediu-lhe que escrevesse XUXA, mas antes lhe solicitou a antecipação do número de letras da palavra. O menino silabou oralmente e associou "xu" a um dedo de sua mão e "xa" a outro e respondeu-lhe:

"Duas".

Mas escreveu "Xuxa" corretamente, com quatro letras. Edite argumentou:

"Mas você disse que era com duas letras!"

"É, mas é com quatro, porque é assim que vem escrito na televisão".

Edite pediu-lhe que escrevesse "televisão" e antecipasse quantas letras teria. Contou novamente nos dedos e anunciou "quatro". Ao começar a escrever, deu-se conta de que seriam mais de quatro, e antes que Edite o interpelasse sobre a discrepância, ele se explicou:

"Vai ter mais de quatro, porque dedo é dedo e escrever é escrever".

Assim, tão espirituosamente, ele tentava explicar sua confusão entre letra e sílaba oral, base de sua vivência do nível silábico.

A vivência do nível silábico, para alunos que inicialmente representam uma palavra numa frase por uma letra, inclui a superação desta etapa, passando a escrever também na frase uma letra para cada sílaba oral.

Há ainda os casos de alunos que, ao escreverem uma frase, nada escrevem para os verbos, mesmo já silábicos, sendo este um outro aspecto que se relaciona com categorias da língua e as concepções das crianças sobre como se as representam. Vê-se que estar escrevendo palavras de forma silábica, isto é, usando uma letra para cada sílaba oral, representa uma faceta muito particular e restrita em todo o processo de alfabetização. É por isso que identificar a hipótese silábica para a escrita ou para a leitura é uma componente pequena das competências dos alunos, a qual deixa muitos outros aspectos a descoberto, e por esta razão encontramos uma grande gama de tipos de alunos silábicos. Podemos dizer mesmo que cada aluno é silábico a seu modo. Nem por isso é desnecessário identificá-los. Ao contrário, o que precisamos é compreender cada vez melhor tudo o que interfere na construção da leitura e da escrita para poder atuar didaticamente de maneira muito eficaz, para vencer o desafio das demandas de alfabetização no mundo e muito especialmente na América Latina.

Leitura e escrita: as duplas de Wallon

É importante assinalar que, no nível silábico, leitura e escrita começam a ser vistas como duas ações com certo tipo de interligação coerente. Wallon estudou muito, na construção da inteligência, a presença das duplas que resultam do especial tratamento dado aos elementos constitutivos do pensamento, os quais não são inicialmente vistos como categorias claramente distintas. Este período Wallon denomina de fase pré-categorial. Nesta fase pré-categorial só existe uma alternativa: ou a identificação ou a exclusão recíproca. A identificação e a exclusão se realizam no pensamento por duplas. Dentre as principais duplas que ele trabalhou, estão as que são constituídas pelos contrários, que incluem as ações inversas. O tipo de tratamento desses elementos, conforme Wallon, caracteriza-se pela amalgamação numa comunidade de elementos não estáveis. Explicando-nos melhor: a amalgamação é o fenômeno de ver a dualidade antes da unidade, o que metaforicamente corresponderia a ver a molécula ignorando os átomos. Uma dupla não é feita de termos primeiramente disjuntos, externos um ao outro e que se acoplariam *a posteriori*. Neste sentido, Wallon insiste em que a dualidade precede a unidade. Dizer que as duplas vivem em comunidades significa dizer que elas se constituem a partir de vários elementos e de forma tal que um mesmo elemento figura em várias delas. Mas é como se em cada dupla ele não guardasse nenhuma estabilidade existencial com a sua presença em outras, é como se não se tratasse do mesmo elemento. Isto, aliás, deriva da natureza mesma das duplas, que implica uma pluralidade ainda indivisa.

Deste modo, os sujeitos que se alfabetizam tratam os elementos presentes no campo conceitual da leitura e da escrita formando duplas, por exemplo:

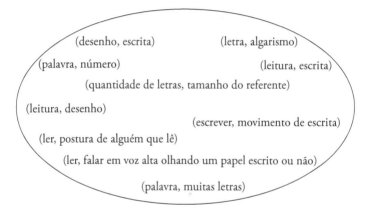

Estas e outras duplas constituem o sistema de base que vai dar origem à compreensão da nossa língua escrita. A psicogênese consiste na modificação majorante da inter-relação entre estes diversos elementos presentes em muitas duplas e na agregação de outros. Porém, a psicogênese inclui nuclearmente atingir a distinção de cada uma delas como categoria própria. Esta modificação majorante ocorre durante o processo, tendo como patamares os níveis da escrita, ou seja, pré-silábico 1, seguindo-se o pré-silábico 2, o silábico e o alfabético.

Leitura (ler) e escrita (escrever) aparecem em muitas duplas, inclusive numa em que estão juntas, mas isto não significa que elas sejam concebidas pela criança como ações distintas nem que as crianças percebam suas interligações. O estabelecimento desta distinção e destas interligações só se apresenta como possível no nível alfabetizado, quando a compreensão da sílaba escrita faz a verdadeira intermediação entre as letras e as palavras. Nos níveis pré-silábicos, escrever pode ser desenhar (PS1), garatujar como segue ⦃⦃⦃⦃⦃⦃⦃ no papel, reproduzir simplesmente letras (PS2) etc. Ler pode ser olhar uma folha de papel, virar a página de um livro, falar em voz alta segurando um papel, descrever um desenho, inventar uma história etc. No entanto, é no nível silábico que se esboça a possibilidade de vinculação entre ambas, pela associação ainda equivocada entre pronúncia e escrita.

Em virtude dessas características da estruturação do pensamento é que leitura e escrita são dois ramos distintos de um mesmo processo que não andam necessariamente passo a passo. Encontramos sujeitos pré-silábicos 2 na leitura (isto é, que leem globalmente texto, frase ou palavra, sem nenhuma segmentação) e que ao mesmo tempo estão silábicos na escrita (associando uma sílaba oral a cada letra escrita); encontramos silábicos na escrita que estão alfabéticos na leitura etc. A explicação para esses fatos ainda precisa ser ampliada. Porém, é importante considerar que sujeitos silábicos na escrita podem dividir-se em três grupos, a saber:

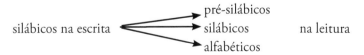

Na combinatória dos desempenhos na leitura e na escrita, encontramos cinco grupos de silábicos, pois além dos três desse esquema, existem os silábicos na leitura que são pré-silábicos ou alfabéticos na escrita.

Os sinais gráficos no nível silábico

Uma outra fonte de diversificação dos alunos silábicos é o domínio da forma das letras. Neste particular, as crianças podem conceber desde quando se escreve com desenhos, passando pela ideia de que se escreve com sinais gráficos não convencionais, até chegar às letras. Tendo compreendido que se escreve com letras, as crianças se dividem em muitos patamares. Esses patamares também se definem à luz de duas competências:

– identificar e reproduzir as formas convencionais das letras;

– reconhecer a posição arbitrária em que estas formas representam as letras;

Essas duas competências ainda se diferenciam de acordo com o número de letras em que se verificam, pois conhecer algumas letras ou conhecer todas determina *performances* muito distintas no processo de alfabetização.

Assim, um aluno que está no nível silábico, escrevendo com riscos, é muito diferente daquele que já junta silabicamente letras. Outrossim, dentre os que utilizam letras, há uma grande distância entre os que só conhecem, por exemplo, as letras do seu nome, e os que dominam todo o alfabeto.

Mais diferenciadora ainda entre alfabetizandos é a competência de associar ou não letras aos seus sons convencionais. E, dentre os que associam sons e letras adequadamente, há uma forte defasagem entre fazê-lo para menos de cinco letras ou para mais de vinte, só para vogais ou só para consoantes, ou para ambas.

Portanto, somente levando em conta esses dois aspectos da alfabetização, ou seja, a competência em juntar letras para formar as palavras, ou a competência quanto às formas e sons das letras, vê-se como se distribuem amplamente os sujeitos silábicos.

Outrossim, o tipo de conhecimento auditivo das letras, seu som ou seu nome, pode trazer conflitos especiais ao aluno, como foi o caso de um aluno silábico de Vera Manzanares (em Campinas, julho de 1988), que pensava na aula como escrever "hélice".

Um aluno alfabetizado lhe disse – "Hélice começa com e". Mas ele retrucou – "Não, é com ele(l)".

Alguns momentos depois, ele mostrou à Vera a escrita "lc" e lhe perguntou: "Aí está escrito hélice?".

Vera revidou: "O que você pensa?".

O aluno respondeu: "Eu estou com um problema. Eu penso que está escrito 'hélice', aí. Mas, ao mesmo tempo, eu penso que esta palavra se escreve com três letras". Vera propôs-lhe que continuasse a refletir:

"É, você está com um problema. Vai ter que pensar como resolvê-lo".

Ele voltou para sua carteira e escreveu várias outras palavras, todas com uma letra para cada sílaba oral e, a cada vez, contava o número de letras. Isto o conduziu a reafirmar sua hipótese silábica e a render-se à conclusão de que "hélice" tinha que ser escrita com três letras.

Perguntou à Vera: "É se escreve com e?".

Ao que Vera respondeu afirmativamente, pois aqui não se tratava de pensar para descobrir. Tratava-se de ser informado a respeito de uma forma arbitrada pela cultura

Então, ele gritou ao colega alfabetizado:

"É isso aí, hélice se escreve com e".

E escreveu "elc".

O clima de interação e reflexão que está presente nessa cena vivida em aula é ideal para que se produza aprendizagem. A professora não deu a resposta pronta, ela incitou o aluno a pensar. Este clima se torna possível se a professora não só conhece a psicogênese, mas sabe como conduzir o trânsito entre seus níveis, propiciando a todos seus alunos materiais e atividades desafiantes e interessantes, numa didática coerente, cientificamente elaborada. Uma didática científica inclui aspectos relacionais entre professor e aluno, postura ideológica do professor e integração com as vivências significativas dos alunos.*

MATEMÁTICA E GRAFISMO NO NÍVEL SILÁBICO

Por último, é indispensável fazer alusão à influência das aprendizagens em outras disciplinas na caracterização do desempenho no nível silábico. Uma criança silábica na escrita e na leitura, mas com um incipiente desenvolvimento matemático, é muito diferente de outra que é conservadora da quantidade discreta, conta até mais de 100, escreve e reconhece muitos números, opera com eles etc. E isto considerando apenas a área numérica da matemática, a qual pode ser ainda muito mais en-

---

* Veja *Psicogênese em novas bases,* Esther Pillar Grossi e Norma Marzola, Porto Alegre, Ed. Kuarup, 1988.

riquecida se forem consideradas as áreas do espaço (a geometria) e a da lógica dos objetos.

O mesmo se pode dizer a respeito da especificidade de alunos silábicos, se combinarmos estes seus desempenhos na leitura e na escrita com seus desempenhos na expressão gráfica. Alunos silábicos na fase da garatuja diferem consideravelmente de outros que estejam na fase do esquema ou do realismo.

Pode-se inferir facilmente que, tendo em vista toda essa gama de fatores, os silábicos variam muito, e é por isso que seu tempo de permanência neste nível oscila amplamente entre poucos dias e mais de um mês. Nesta perspectiva, a didática adequada para os alunos silábicos engloba necessariamente a integração de disciplinas e não a sua mera justaposição. A produção de maiores e melhores níveis de alfabetização é perpassada indiscutivelmente pelo estabelecimento de autênticas vinculações entre as diversas aprendizagens que vivem os alunos. Estas vinculações, estabelecidas intuitivamente por alguns poucos professores carismáticos, necessitam agora ser estudadas, analisadas e generalizadas, para que se faça justiça aos milhões que aguardam a oportunidade do domínio da língua escrita.

Fase dialética e fase discursiva dos níveis

Um aluno silábico não pode ser desalojado desta etapa senão como resultado de sua própria elaboração interior, e esta pressupõe um certo tempo, que constitui, como denominou Piaget em *Formes élémentaires de la dialectique,* uma fase discursiva.

A entrada em um dos níveis principais de aprendizagem de qualquer campo conceitual significa uma recente passagem por uma fase dialética de estruturação do pensamento; isto é, o sujeito acabou de sair da catástrofe da desorganização global das relações entre os elementos disponíveis sobre o assunto em questão e começa a reorganizá-las. Foi superado o conflito de não se saber que resposta dar aos problemas, vislumbrando-se um rumo para o equacionamento de suas soluções.

No caso da entrada no nível silábico, o sujeito deixou de apoiar-se em ideias de vinculação dos aspectos figurativos do referente à palavra que o representa, superou a visão global da palavra como um todo, para considerá-la formada por segmentos. Encontrou um suporte que garante a estabilidade da escrita das palavras, ou seja, cada palavra é sempre escrita com as mesmas letras (não pode mais acontecer de associar palavras diferentes a escritas iguais, nem escritas diferentes se associarem a uma mesma palavra). Pode começar a ver que tudo o que se diz se escreve (não só os substantivos concretos)... Isso tudo significa uma revolução impressionante na maneira de pensar do sujeito que está investindo sobre a escrita, e esta revolução foi apenas esboçada. Ele colocou novos alicerces no edifício do seu raciocínio, estabelecendo novos pontos de apoio, mas é preciso, como na construção de uma casa, fechar paredes, pôr-lhe cobertura etc. Esta segunda fase intelectual é o que Piaget denomina de fase discursiva, e ela pode ser sustentada por meio de atividades tais como as que são sugeridas em "Como fazer com um aluno silábico?", a fim de que se propiciem ajustes de várias hipóteses sobre diversos aspectos da construção do nosso sistema de escrita.

Conclusão

Concluímos acenando para as múltiplas facetas que engloba a compreensão do nível silábico no processo de alfabetização, das quais estamos aqui abordando. Indiscutivelmente, ele representa um período-chave do processo. O aparecimento da *Didática do nível silábico,* num terceiro momento, e não no segundo da trilogia das Didáticas de Alfabetização parece se explicar pela complexidade que encerra o seu conteúdo.

Densidade, equilíbrio integrador e encadeamento no planejamento e na execução de uma aula

Pode-se constatar, ao analisar uma semana de trabalho descrita neste livro, que ela comporta, em cada dia, de maneira equilibrada os seguintes aspectos:

– a distribuição do tempo nas diversas disciplinas, com previsão de atividades de alfabetização, matemática, ciências sociais, educação física, artes plásticas, teatro, dança e música;*

– atividades com letras, palavras e texto;

– atividades de reconhecimento das formas e dos sons das letras isoladas e atividades de junção de letras para formar palavras;

– diversificação de atividades, segundo os níveis dos alunos;

– jogos com regras e/ou competição, alternados com tarefas alheias a estes aspectos;

– atividades individuais, de pequenos grupos e do grande grupo;

– o movimento com a imobilidade;

– a reflexão, a informação e a criatividade;

– o silêncio e o barulho;

– o planejamento prévio e o circunstancial;

---

* A incorporação de atividades de ciências naturais na proposta de alfabetização, dentro da mesma linha das demais, é uma das metas de estudo da equipe do projeto do Geempa.

– a preocupação com o conteúdo das disciplinas e com o contexto didático e pedagógico;

– a introdução do novo e o respeito ao velho;

– a vinculação escola-família;

– a sala de aula, a rua e a comunidade;

– a socialização e a individuação;

– a merenda, o recreio e atividades propriamente de ensino.

– a lição de casa

Da mesma forma, foi levada em conta a densidade didática, isto é, o volume suficiente de atividades para cada dia, bem como seu encadeamento harmônico, na passagem de uma delas à seguinte.

Um dia de aula é como um espetáculo de teatro. Ele tem que ter uma sequência bem pensada, com alternância dosada entre a calma e a vibração, o grupal e o individual, sem quebras de ritmo, mas principalmente, ela tem que ter um fio condutor que a estruture.

Por exemplo, aluno sem tarefa, isto é, ocioso em sua trajetória de aprendizagem, é um desastre pedagógico. A ocupação dos alunos deve prever não só um desafio diário, para cada um deles, como o reconhecimento pelo seu enfrentamento adequado ou não, assim como um encorajamento a que prossiga no seu afã de enfrentá-lo.

Nesta linha, o planejamento do professor deve incluir tarefas a mais (coringas) para ocupar todos os seus alunos o tempo todo.

A organização prévia dos materiais didáticos é um dos elementos importantes para que uma aula transcorra sem quebra de ritmo. Alunos esperando que o professor localize, busque ou retire do armário material didático é fonte provável de indisciplina e de queda do interesse.

Uma aula com muita ou com pouca provocação não é boa. A dosagem equilibrada de tarefas em uma aula é um desafio diário ao professor, pois as circunstâncias singulares de cada momento influem na tomada de decisão desta dosagem.

Coordenar uma boa aula é ser capaz de produzir um bom espetáculo. Um espetáculo que encante, que emocione, que prenda, que leve a pensar. Uma experiência imperdível e impossível de ser recuperada em sua graça e força únicas para quem dela participou, ao vivo e a cores.

O RELATO DE UMA SEMANA DE TRABALHO

Geempa – Classe experimental de 1.ªsérie
(terceiro mês do ano letivo)
Escola de periferia urbana – Porto Alegre

INTRODUÇÃO

Vamos descrever uma possível semana de trabalho numa classe de 1.ª série, para que se possa compreender melhor a dinâmica desta proposta de alfabetização que englobe a perspectiva interdisciplinar, o trabalho em pequenos grupos, a diversificação de atividades de acordo com os diferentes níveis em que se encontram os alunos no processo de alfabetização, as tarefas em forma de jogo, a lição de casa, a merenda como atividade pedagógica etc.

É importante salientar que para Vygotski "não há diferença fundamental entre a aprendizagem de adulto e a aprendizagem de criança", segundo Gérard Vergnaud (*Lev Vygotski: Pedagogo e pensador de nosso tempo*). Adultos analfabetos passam pelos mesmos níveis psicogenéticos que as crianças, o que vem sendo amplamente comprovado pelo Geempa.

Esta semana de trabalho está inspirada na vivência das classes experimentais do Geempa desde 1982, a partir de observações diretas feitas durante visitas regulares que serviram de suporte à pesquisa didática. Será considerada uma classe imaginária com alunos pré-silábicos e silábicos, e alguns alfabéticos, como é o caso da maioria das classes de alunos no início do ano letivo.

O interesse em relatar e divulgar a vivência concreta dentro de uma sala de aula revela algo muito expressivo do ponto de vista didático. Significa que aquilo que ocorre em uma sala de aula pode ser original, digno de ser conhecido e até aproveitado por outras pessoas. Alude claramente ao fato de que cada experiência em sala de aula é, de fato, única e que algo de novo aí ocorre. O novo pode ocorrer por diversas razões. Mas, certamente estará assegurado se um ponto fundamental for considerado – o processo de aprendizagem dos alunos. No ensino alheio a este processo, do ponto de vista do método todas as classes se parecem, e o trabalho que nelas se realiza pode ser compreendido por meio de dois instrumentos até agora centrais nos sistemas de ensino – os programas ou as bases curriculares e os livros didáticos. No ensino convencional, estes instrumentos espelham, retratam e revelam o que se passa na maioria das salas de aula. Refletem a ilusão de que todos os alunos aprendem as mesmas coisas, no mesmo tempo e mediante as mesmas explicações.

Este não é o caso desta proposta didática. Ela é centrada no processo cognitivo realmente vivido pelo aluno, como busca ilustrar o relato da semana de trabalho que segue.

Por outro lado, um trabalho didático adequado repousa no equilíbrio entre o planejamento prévio e o espontâneo ou circunstancial. Levar em conta, nas atividades didáticas, fatos significativos localizados no tempo e no espaço próprios de cada turma de alunos é um suporte pedagógico importante para vincular a escola ao contexto de vida de seus alunos, valorizando-o. Decorre também, deste aspecto, a originalidade do trabalho didático em cada turma.

Segunda-feira

- 1ªs atividades de rotina: jogo de mãos obedientes, verificação da lição de casa, entrega dos crachás;
- Código dos dias da semana;
- Artes plásticas – confecção de um boneco;
- Merenda e recreio com cordas para pular;
- Leitura e exploração do livro de "Avestruz a Zebra";
- Produção individual de um texto sobre animais.

Os alunos entraram em aula um pouco agitados, falando alto, empurrando uns aos outros. Isso costuma ocorrer às segundas-feiras por causa da interrupção das aulas no fim de semana, o que quebra o ritmo de aulas diárias.

A professora pediu que mostrassem as lições de casa, mas os alunos continuavam agitados. Ela levantou suas duas mãos para o alto, movimentando-as para indicar que fariam o jogo das "mãos obedientes".

O jogo das "mãos obedientes", inspirado em sugestões de Lubienska de Lenval e Maria Montessori, é uma tarefa de repetir movimentos propostos por alguém. A professora inicia o jogo, mas depois pode passar aos alunos a iniciativa de propor novos movimentos ou posições das mãos, dos dedos ou dos braços para que sejam imitados pelos demais. Por exemplo, com ambos os braços levantados: 1. abre e fecha as mãos; 2.

abre uma das mãos e fecha a outra; 3. estando ambas as mãos abertas, dobra só os polegares para dentro; 4. depois bate palmas; 5. esfrega as mãos no rosto; 6. com as mãos ao lado dos ombros, abre bem as mãos, palmas para a frente; 7. vira as palmas para trás com os dedos abertos; 8. junta os dedos das duas mãos; 9. separa só a mão direita; 10. junta-os etc. Esta atividade, em geral, funciona como concentradora para os alunos.

Após o jogo das "mãos obedientes", a professora verificou as lições de casa, que dois alunos não haviam feito. Estes alunos já disseram que só iriam para o recreio depois de fazê-las, conforme a combinação estabelecida, dias antes, entre alunos e professora.

Entrega dos crachás

A professora anunciou que entregaria os crachás de um jeito que eles precisavam prestar bastante atenção, porque ela iria trocar os pedacinhos de cada nome para chamar cada aluno. Assim ela fez, iniciando pelo Edmilson, a quem ela chamou: mil-di-e-son. Ao Jorge, chamou: ge-jor. À Rosines: si-nes-ro e assim por diante.

Atividades de artes plásticas

A professora conversou com seus alunos recordando atividades de artes já realizadas, perguntando-lhes se gostavam de desenhar, de fazer colagem, de trabalhar com caixinhas e outras sucatas. Perguntou quem fazia essas atividades também em casa, por conta própria, mesmo quando elas não tinham sido pedidas como lição pela professora. Perguntou quem sabia costurar, fazer tricô ou crochê, pregar e martelar, e também quem sabia fazer pandorgas (pipas) etc.

Anunciou que tinha trazido material para costura; que havia material suficiente para cada um fazer um boneco, se quisessem. Os alunos vibraram com a ideia e logo começaram a distribuir as caixas com o material para cada grupo. Amassaram jornais e com eles encheram pés de meias velhas que havia nas caixas de material, assim, vários alunos deram início à cabeça de seu boneco. Seguiu-se a feitura dos olhos e da boca, servindo-se de lantejoulas, botões, linhas ou lãs coloridas disponíveis, ou mesmo pedaços de pano. Os alunos se ajudavam, enfiando as agulhas ou dando nó na ponta da linha, bastante independentes da professora. Quando o rosto ficava pronto, muitos alunos queriam pôr cabelos nos bonecos, o que aconteceu nas mais diversas modalidades: tranças, longos, curtos, crespos ou lisos, amarrados em rabo-de-cavalo ou maria-chiquinha, com enfeites etc.

Os rostos e os corpos dos bonecos variaram de acordo com a preferência da criança em fazê-los homem ou mulher, criança ou adulto, gente ou bicho (saíram alguns macacos, porque macaco era um personagem importante das histórias de aula), super-homem, robô e outros personagens da TV. Os corpos variavam de simples tiras de panos aos de terceira dimensão, conforme o desenvolvimento escultório de cada aluno. Os que trabalhavam em terceira dimensão usavam enchimento de jornal ou até outros materiais, como caixas, para construir o corpo de seu boneco.

Quinze minutos antes do sinal da merenda, a professora anunciou o final do trabalho de costura para que este final fosse preparado adequadamente. Esta preparação previa a reorganização da sala, guardando agulhas, sobras de tecidos, etc. nas devidas caixas, para serem utilizados numa próxima oportunidade.

A professora sugeriu que os bonecos ficassem em aula, para os alunos brincarem nos dias seguintes. Isto porque, quando levam os bonecos para casa, ocorrem coisas que desagradam muito às crianças, tais como:

– alguém os estraga (como um irmão menor) ou então eles os perdem;

– ouvem críticas impiedosas dos pais e irmãos: "Que boneco horroroso! Quem fez?"; "Este boneco mais parece um monstro!" e outros.

Esta atividade de artes plásticas foi relatada por Analice Dutra Pillar, na qualidade de assessora desta área, à equipe do projeto de alfabetização do Geempa.

Merenda e Recreio

Por reivindicação da professora, a merenda é servida para seus alunos na própria sala de aula, permanecendo as crianças nos seus grupos, pois consideramos a merenda como uma atividade didática. Cada grupo dispõe de uma toalha (feita de saco de farinha alvejado) decorada pelos alunos em aula de artes plásticas, bem como copos, pratinhos e talheres.

Na grande maioria das escolas públicas da periferia de Porto Alegre, a merenda é servida em canecas, mesmo que seja constituída de arroz, feijão, massa, polenta etc. Com efeito, isso se choca com os nossos hábitos culturais, de acordo com os quais estes alimentos são sempre servidos em pratos. Aliás, nas entrevistas que fazemos com as famílias de alunos, ouvimos protestos como o que segue, o qual é representativo da consciência do desrespeito, praticado pela escola, aos hábitos culturais.

"Veja o que a escola faz com nossos filhos: serve comida em canecas! Nós não fazemos isso nas nossas casas!"

É por isso que, por iniciativa própria, algumas professoras têm conseguido comprar pratos para os seus alunos.

Durante a merenda, a professora busca suscitar que os alunos conversem entre si, nos pequenos grupos ou no grande grupo, envolvendo toda a turma. Neste dia, ela perguntou o que tinha acontecido no fim de semana, abrindo espaço para notícias agradáveis e desagradáveis, tais como o nascimento de um irmãozinho ou uma batida da polícia na vila. Foi explorado como cada um se sentiu diante desses fatos, sobre o que eles significam em termos objetivos, pois o medo da polícia é muito grande nas crianças de bairros populares e pode estar associado a experiências anteriores, bem como a aspectos sociais e políticos que merecem ser analisados à altura dos recursos intelectuais dos alunos. Ainda durante a merenda, alguém lembrou que no domingo seguinte era o Dia das Mães.

Durante o recreio, os alunos dispuseram de cordas para pular e de bolinhas de gude. Estas últimas eram distribuídas a cada criança mediante contagem, isto é, sete para cada uma. Recontava-se novamente quando elas eram recolhidas no final do recreio.

Enquanto pulava corda, também era feita contagem em voz alta, para ver quantos pulos sucessivos cada criança dava até errar. Eles estavam treinando para um campeonato de pular corda que haviam combinado fazer com toda a turma.

Após o recreio, foi apresentado pela professora o livro *De Avestruz a Zebra,* de Maiti Frank Carril e Rodrigo Frank (Editora Ática).

de Avestruz a Zebra

Maiti Frank Carril / Rodrigo Frank

Avestruz

O avestruz engole tudo
moeda, tampa, botão...
É uma ave que não voa,
mas corre como um rojão!

Búfalo

O búfalo é muito forte,
tão grande e tão sossegado,
mas não convém provocá-lo,
pois fica muito zangado.

Capivara

É tranqüila a capivara,
pois não gosta de brigar.
E aqueles dentes tão fortes?
São só para mastigar.

Hipopótamo

O hipopótamo no rio
fica sempre mergulhando,
a pegar plantas do fundo,
só à noite sai andando.

Iguana

Disfarçada na folhagem,
a iguana você vai ver,
descançando à beira d'água,
sem ter nada pra fazer.

Xaréu

Olha só que cabeçudo!
O xaréu mora no mar.
E como todos os peixes,
não se cansa de nadar.

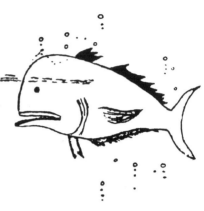

Zebra

A zebra está de pijama
mas ela não dorme não,
pois na hora do perigo
dá coice até no leão.

Normalmente, os animais se constituem numa fonte de interesse para as crianças, o que justifica a escolha de um livro com este tema. O livro apresenta 23 bichos, cujas iniciais cobrem todo o nosso alfabeto. Há uma quadrinha sobre alguma característica de cada animal. A rima é uma fonte de prazer ao ouvido e pode facilitar a memorização de um texto. Isto terá utilidade, sobretudo a alunos silábicos, como elemento de análise e conflito sobre a escrita, pelo confronto desta com o seu conteúdo oral pronunciado pelo próprio aluno. A memorização de quadrinhas é corrente em classes populares, como pudemos constatar num dia em que, tendo sido levado um gravador para a sala de aula, os alunos de 1.ª série (em 1982, na Vila Santo Operário) registraram dezoito poemas diferentes conhecidos por eles.

A professora, entusiasmada, mostrou primeiro a capa do livro, suscitando-lhes a curiosidade sobre o que havia no seu interior. Mostrou folha por folha, lendo a quadrinha e conversando sobre cada um dos animais:

"Quem já viu este bicho? De verdade ou só em figura?".

Depois de chegar à zebra, voltou em marcha à ré, relendo quadrinhas, aprofundando a curtição do livro.

A seguir, cada aluno escreveu um texto sobre algo que se relacionasse com os animais. Pode ser uma história, uma notícia ou um sonho.

A professora perguntou:

"Com que letra começa o bicho de que tu mais gostas? Qual bicho deste livro começa com a mesma letra do nome de cada um de vocês? Escrevam o nome do bicho no caderno".

Logo após, a professora escreveu o nome de um dos bichos no quadro, para ver quem o reconheceria.

Depois dessas atividades e de várias releituras das quadrinhas sobre animais, mostrando aos alunos as páginas do livro com desenhos e letras (a inicial estava em destaque), a professora perguntou aos alunos: "Que tal um ditado em que eu digo o nome de um bicho e vocês escrevem a sua primeira letra no caderno?".

O ditado foi feito com muita troca de ideias entre eles. Foi observado que alunos pré-silábicos guardavam mais fortemente de memória a letra inicial pela experiência com a leitura do livro, do que alguns alunos silábicos que, seguindo o seu raciocínio baseado na ideia de que a cada sílaba corresponde uma letra, muitas vezes julgavam ser uma vogal a primeira letra, como em jacaré, foca etc.

Aos alunos alfabéticos, a professora segredava a exigência de que escrevessem toda a palavra ao invés de somente a sua inicial.

Ao final da aula, a professora entregou um livro mimeografado *De Avestruz a Zebra* para cada aluno. Foi-lhes pedido que escrevessem seu nome na capa. Os alunos puderam manusear individualmente o seu livro e o levaram para casa, bem recomendados sobre os cuidados que se deve ter com os livros – para que ficassem sempre limpos, inteiros e guardados junto com os outros materiais didáticos de aula, porque ele seria usado novamente.

Como lição de casa, foi entregue uma das fichas, como as que seguem nas próximas páginas, conforme o nível dos alunos, as quais pressupõem o uso do livro como suporte.

Liga:

Ficha para os alfabéticos

ESCREVA O NOME DO BICHO E ALGO MAIS QUE SABES SOBRE CADA UM:

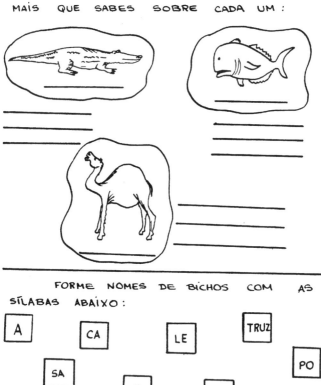

FORME NOMES DE BICHOS COM AS SÍLABAS ABAIXO:

A · CA · LE · TRUZ · PO · SA · E · VES · RA · PI · FO · VA · FAN · CA · TE

Ficha para os pré-silábicos e silábicos
PROCURE NO LIVRO E ESCREVA OS NOMES DOS BICHOS:

FICHA DE ESTUDO SOBRE LETRAS (do ponto de vista gráfico). LIGUE AS DEMAIS LETRAS COMO A PRIMEIRA.

| A B C D E F G H I J L M N O P Q R S T U V X Z |

XARÉU

OLHA SÓ QUE CABEÇUDO!
O XARÉU MORA NO MAR.
E COMO TODOS OS PEIXES,
NÃO SE CANSA DE NADAR.

Quantas letras do teu nome tem nesta quadrinha?

Qual é a palavra que tem mais letras na quadrinha sobre o xaréu?

Passe uma linha em volta das palavras que tem três letras.

Liga:

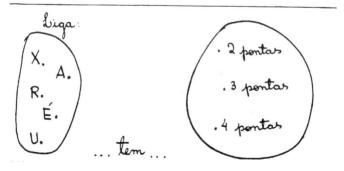

X.   A.
R.
É.
U.

... tem ...

. 2 pontas
. 3 pontas
. 4 pontas

ESTUDO DO SOM DA LETRA X.

Explorar oralmente palavras que tem som de x propondo inclusive a diferença entre x e j. Por exemplo, perguntar aos alunos: Que palavra tem som de x? — chá ou já? — jacaré ou xaréu? — jumbo ou chumbo?

MARCAR OS DESENHOS DE COISAS QUE TEM SOM DE X NA SUA PRONUNCIA:

XÍCARA

FEIJÃO

CHAVE

JACARANDÁ

XARÉU

CHIQUINHA

NOTA: Exploração similar pode ser proposta com outras letras como o Z em ligação com a quadrinha da Zebra.

Servindo-se dos nomes dos bichos, muitas outras atividades didáticas foram preparadas, tais como jogos de bingo de letras com os nomes dos bichos (um em cada cartela), ou o bingo dos nomes dos bichos com vários deles numa só cartela. Também foi feito um álbum de figurinhas que foi sendo montado gradativamente, pela distribuição parcelada dos cartões sobre os bichos. Com os desenhos e os nomes dos bichos, suas iniciais, o conjunto de letras ou de sílabas de cada um deles, muitos jogos inspirados na tradição lúdica de nossos povos foram montados, tais como baralhos, dominós, quebra-cabeças e outros.

Os alunos ilustraram por alguns dias as paredes da sala de aula com seus desenhos de bichos, os quais eram algumas vezes acompanhados por seus nomes.

No final de cada aula eram recolhidos os crachás distribuídos na chegada.

TERÇA-FEIRA

- Rotina – verificação da lição de casa, entrega dos crachás;
- Código dos dias da semana;
- Artes plásticas - desenho
- Atividades com letras: Alfabeto-Diplomas;
- Merenda e recreio com jogos de amarelinha;
- Matemática – fronteiras, passagens, regiões no plano, muitos jogos e fichas.

As folhas mimeografadas da lição de casa foram recolhidas na porta, quando cada aluno entrava. A professora dizia: "Hoje, para entrar, é preciso ter um ingresso que nem no futebol, no cinema ou no circo. O nosso ingresso é a lição de casa". Só não seriam aceitas folhas não preenchidas, isto é, qualquer execução da tarefa era aceita, mesmo que apresentassem equívocos.

A lição de casa estabelece uma ponte entre a casa de cada aluno e a escola, e se insere na problemática do vínculo entre família e professora, o qual deve expressar a especificidade dos papéis, isto é, os pais não precisam se sentir responsáveis por tarefas nitidamente didáticas que são da alçada do professor, mas devem estar unidos no incentivo aos progressos da criança e na alegria desta forma de inserção no mundo da cultura.

Entrega dos crachás

Neste dia, a entrega dos crachás foi feita pela apresentação das características das iniciais, ou seja, a professora dizia (os alunos já haviam feito muitas explorações táteis das letras grandes em madeira, analisando estes aspectos topológicos de cada uma delas, na forma de vários jogos):

"Tenho aqui na minha mão os crachás que começam por uma letra que só tem traços retos. São quatro traços retos. Esta letra tem duas pontinhas e três esquinas. Que letra será esta? Esta letra não é como o 'O', pois ele não tem nenhuma parte fechada e nenhuma ponta".

A professora se referia ao "M" e, quando alguém descobriu, ela pôs sobre a mesa todos os crachás iniciados por "M" para que seus proprietários os reconhecessem. O mesmo ela fez para todas as outras iniciais. Para o "R" a professora disse:

"Tenho uma letra com duas pontinhas, uma parte fechada, dois pedaços retos e um encurvado".

O "F" ela caracterizou como segue:

"Tenho uma letrinha sem nenhuma parte curva, três pontas, se parece com o 'E', mas com um pedaço a menos".

Se as crianças não descobriam, a professora fornecia mais dados, inclusive traçando a forma da letra no ar ou acrescentando:

"É a mesma letra da FOCA".

Código dos dias da semana*

A partir da pergunta "Que dia é hoje?", foi recordado o código estabelecido dias antes para cada dia da semana, isto é:

segunda-feira – andar agachado

terça-feira – caminhar normalmente

quarta-feira – andar como gigante

quinta-feira – andar para a esquerda

sexta-feira – andar para a direita

sábado – andar para trás

domingo – andar saltando

Cada aluno escolhia um dia da semana para representar e se movimentava na sala de aula, de acordo com sua escolha. A professora sugeriu:

"Agora, todos façam o movimento da segunda-feira. Troquem para a terça-feira"; em seguida, cantaram a música do João Sapateiro, cuja letra é a seguinte:

---

* Veja, em *Didática nos nível pré-silábicos,* justificativa mais ampla sobre essa atividade.

"João Sapateiro, cadê o sapato
Que na segunda Juca levou
Que fez na terça, na quarta
E na quinta
Se hoje é sexta
E não aprontou."

O texto do João Sapateiro já fora trabalhado em sala de aula em duas apresentações, isto é, escrito em letras de imprensa e cursiva. O texto escrito, cujo conteúdo é conhecido das crianças, é fecundo didaticamente para produzir reflexões sobre a leitura. Estas reflexões são feitas ao tentarem resolver como estabelecer a vinculação entre o que sabem que está escrito e a distribuição das marcas gráficas no papel, ao pronunciarem as palavras. Este tipo de texto é particularmente importante para alunos silábicos, porque disfarça a frustração de não poderem decodificar adequadamente um escrito cujo conteúdo lhes é desconhecido, mesmo se julgando capazes de escrever. Ao fazer uma pseudoleitura, ou seja, dizendo em voz alta o que eles sabem que está associado àquela escrita, eles constatam que a associação que fazem entre letras escritas e sílabas orais os leva a terminar a leitura muito antes do final do escrito, o que será um auxílio para levá-los ao conflito de passagem do nível silábico para o nível alfabético.

Ao terminar de cantar, a professora sugeriu que todos fizessem o movimento da terça-feira, que era o dia da semana em que estavam, e depois se sentassem nos seus lugares.

Atividade de desenho

Ao se sentarem, já estava em cada grupo material para desenho: folhas grandes e um conjunto de pincel atômico.* Cada um desenhou o que quis.

Saíram alguns desenhos do código dos dias da semana, pois neste momento ele já estava memorizado pela maioria dos alunos, uma vez que fora combinado em aula, vários dias antes, e já tinha sido trabalhado algumas vezes. Também foram feitos desenhos de bichos motivados pelo livro *De Avestruz a Zebra,* os quais foram expostos nas paredes da sala.

Alfabetos-Diploma

Enquanto os alunos desenhavam, a professora anunciou que tinha um presente para eles. Os presentes estavam dentro de uma caixa, e cada um tinha uma dedicatória.

Reorganizado e recolhido o material de desenho, a professora disse:

"O presente que tenho para vocês é muito útil quando se aprende a ler e escrever. É uma coisa importante! Só agora é que vocês podem ganhá-lo, porque antes vocês não iam saber o que fazer com ele. A gente escolhe o presente de acordo com a pessoa. Ninguém pode dar uma bicicleta de duas rodas para um nenê de um ano. Assim, este presente serve para alunos de 1.ª série, depois que eles já leram e escreveram bastante, como vocês, que já estão em aula há vários dias".

---

* Veja em *Fazendo Artes na Alfabetização,* de Analice Dutra Pillar, Ed. Kuarup, como bem encaminhar as atividades de desenho.

Retirou da caixa o primeiro alfabeto-diploma e leu a dedicatória, entregando-o ao referido aluno, como se fosse mesmo um diploma, apertando-lhe a mão, abraçando-o e beijando-o como numa formatura. Assim foi feito com cada um dos demais.

Os alunos se puseram a falar das letras que já conheciam e, a seguir, cada um coloriu a inicial do seu nome no alfabeto.

A professora retirou de uma caixa com letras grandes de madeira uma delas e, apresentando-a aos alunos, pediu que mostrassem onde se encontrava essa letra nos seus alfabetos. A caixa das letras circulou pelos grupos, e cada aluno escolheu uma delas para que ele e os colegas a identificassem no alfabeto-presente.

A professora informou que ali estavam todas as letras da nossa fala (língua) e que, com elas, se pode formar qualquer palavra.

Disse-lhes:

"Vamos ver quem segue certo com o dedo o que nós vamos falar", e iniciou a sequência: A, B, C, D...

Perguntou:

"Quem já sabe o ABC?", incentivando-os a memorizarem esta sequência. Um aluno disse:

"São as mesmas letras do livro dos bichos!" – o que os levou a folhearem-no comparando a inicial do bicho de cada página com as letras do cartão ganho. A professora passou a perguntar:

"Onde está a letra do macaco? Do xaréu? Da baleia?".

Por fim, recomendou que guardassem com cuidado o alfabeto-presente dentro do caderno, porque iriam utilizá-lo muitas vezes.

A hora da merenda

Foram distribuídas as toalhas e os talheres, e era a segunda vez que os alunos dispunham de pratos. Provavelmente por causa disso, uma das meninas durante a merenda exclamou: "Que joia! Parece que estamos comendo num restaurante!".

No recreio, algumas crianças riscaram sapatas (amarelinhas) no chão e vários alunos se engajaram nesse jogo. A professora observou quem já conhecia as suas regras e quem as executava bem.

Ao voltarem do recreio, a professora sugeriu que os alunos desenhassem em papéis usados de computador, de que ela sempre dispunha na aula, tipos de sapatas que eles conhecessem, numerando as casas. Apareceram os seguintes desenhos:

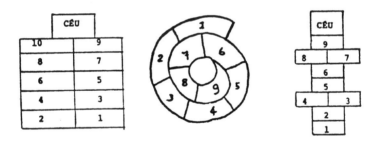

O jogo da amarelinha (ou sapata) encerra várias noções matemáticas, entre elas a de sequência numérica e a de interior e fronteira, pois é preciso ir jogando sucessivamente a pedrinha de 1 a 9 ou 10, lançando-a bem no interior da região de cada número, sem "queimar", ou seja, sem passar sobre o risco divisório das casas, nem com a pedrinha nem com os pés, quando a criança percorre o traçado no chão. Estão em jogo nesta atividade questões relativas à topologia de linhas no plano, sobre o que nos ocuparemos ao analisar os problemas matemáticos que serão propostos nos jogos a seguir.

Atividades matemáticas

Enquanto isso, a professora distribuiu materiais concretos para jogos. Tratava-se de jogos sobre aspectos topológicos no plano, que se inserem na problemática do domínio do espaço, como veremos mais adiante.

Foram três os jogos propostos:

– O caminho dos animais no labirinto;
– Quem ocupa mais casas?;
– Dominó de traçados.

Como havia sete grupos nesta turma de alunos, três grupos fizeram "o caminho dos animais no labirinto", dois fizeram "quem ocupa mais casas?" e dois fizeram o "dominó de traçados". Os alunos já estavam habituados a trabalhar diversificadamente por grupos e, portanto, sabiam que teriam certamente a chance, numa próxima aula, de fazer os jogos de outros grupos diferentes do seu.

A professora já havia aplicado no início do ano a prova de reprodução de traçados, caracterizando sua turma quanto às suas competências nesta área. As atividades de hoje visavam a atender aos alunos que tiveram uma pontuação baixa nos resultados desta prova. Deixando-os nos seus grupos, a professora apoiava-se na interação entre competências heterogêneas como garantia de maior aprendizagem.

Justificativa teórica dessas atividades matemáticas

A compreensão do espaço está na ordem do dia das preocupações de uma criança, pois é nele que ela vive mergulhada diariamente. Para nele se movimentar, a consideração do fechado e do aberto (ou das passagens) é condição básica. As relações entre regiões – de separação, de intersecção ou de inclusão – orientam-lhe o domínio do espaço. O espaço concreto em que nos movemos tem três dimensões: comprimento, largura e profundidade. Porém, propriedades similares a este têm o espaço a duas dimensões (as superfícies) ou a uma dimensão (as linhas). As pessoas podem dominar estes aspectos como "teoremas em ação", isto é, como conhecimentos implícitos para a orientação e movimentação do corpo e dos seus membros, desde muito antes dos 7 anos. É necessário, porém, propiciar a explicitação destes conhecimentos implícitos, pois eles fazem avançar na construção do edifício do pensamento.

O Geempa utiliza desde 1974 uma atividade de reprodução de traçados que tem revelado sistematicamente uma correlação positiva entre a competência dos alunos em realizar esta prova e o seu progresso na alfabetização.

A prova consta da reprodução dos 12 figuras a seguir.

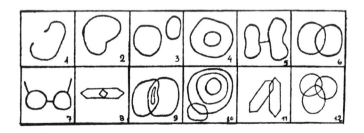

É importante salientar que a realização desta atividade é reveladora, sobretudo das competências das crianças na compreensão operatória do inter-relacionamento entre linhas do plano, que se avalia a partir da execução motora de motivos lineares. Porém, não interessa nesta prova a habilidade manual para reproduzi-las, como se isso fosse isolado do que se passa no nível cognitivo. Muito pelo contrário, estamos interessados no vínculo profundo que existe entre corpo e inteligência, o que só é possível avaliar por intermédio de inter-relações em nível de conhecimentos específicos, tais como os que dizem respeito a problemas precisos como os ligados ao espaço, abordado na topologia das linhas.

Os jogos:
– o caminho dos animais no labirinto;
– quem ocupa mais casas?;
– o dominó de traçados.

1. "O caminho dos animais no labirinto" foi proposto mediante a ampliação do desenho que segue numa cartolina. Ele é um jogo para seis alunos em que cada aluno faz caminhar um dos animaizinhos (materializados por um pião, se possível com a forma de um animal) através das portas do labirinto. Esta caminhada se faz a partir do lançamento de um dado, sucessivamente, por cada jogador. O dado para este jogo tem em cada uma das suas faces uma das formas que caracterizam as portas do labirinto, por sua vez, cada uma delas associada à passagem de um dos bichos à procura de suas casas. Isto é, o gatinho só pode passar por portas na forma de parênteses, como a que está próxima a ele no desenho.

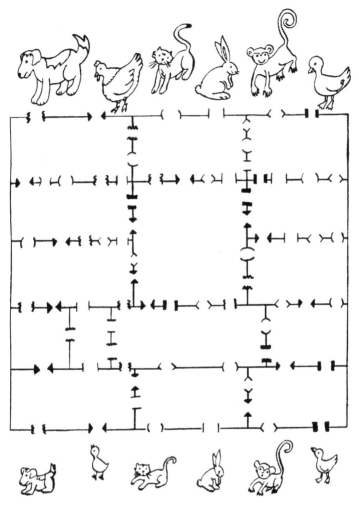

A cada lançamento do dado, um dos animais avança de acordo com a forma que apareceu na face voltada para cima, passando somente em uma porta a cada jogada. Ganha o jogo quem chegar primeiro ao seu pai.

A problemática das passagens dá suporte a tudo, porque só pelas portas se pode passar, sendo o objetivo atravessar o menor número de portas para ganhar. Estamos trabalhando a localização das portas de modo a fazer o caminho mais curto, especialmente sem perda de tempo de um retorno, por ter entrado numa peça do labirinto em que só há uma porta desta forma. Isto é, a caminhada só se faz sem retornos, se houver duas portas ao menos em cada peça do labirinto da mesma forma, e se a segunda porta conduzir a uma peça também com porta daquela forma no rumo da casa do animal. Quer dizer, trabalhamos traçados de maneira interessante e complexa no contexto das noções de aberto e fechado, que estão envolvidas em muitas situações de vida, inclusive na escrita e no reconhecimento dos diversos tipos de letras.

Para propiciar a formulação bem clara do problema que está em jogo nesta atividade, na segunda vez em que o jogo foi proposto às crianças elas dispuseram de uma folha policopiada, tal qual a que aparece neste livro, para registrarem o trajeto real que fizeram na partida.

Após esta partida, os alunos estudaram os vários caminhos que cada bichinho pode percorrer e qual deles é o mais conveniente no jogo, por ser o mais curto. Eles viram se há bichos que têm chance ou não de chegar mais rápido que outros ao seu pai e por quê. Isto os levou a bem escolherem o bicho para competir numa próxima jogada.

2. O jogo "Quem ocupa mais casas?" foi realizado sobre uma folha de cartolina com o traçado da folha anterior.

O objetivo é cada jogador ocupar o maior número possível de casas. Uma casa é uma região traçada no plano. Elas são em número de 8.

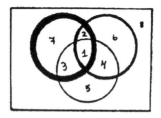

A ocupação das casas é determinada pela sorte de cada um ao recolher três cartões de uma caixa. A primeira caixa é vermelha e se refere à fronteira vermelha (traçado espesso), a segunda caixa é azul e se refere à fronteira azul (traçado de espessura média) e a terceira caixa é amarela e se refere à fronteira amarela (traçado fininho). Em cada caixa há um conjunto de cartões nas mesmas cores, nos quais está escrito "dentro" ou "fora", ou como nos modelos abaixo:

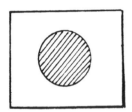 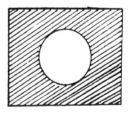

Baralham-se cartões vermelhos, 50% com a inscrição "dentro" e 50% com a inscrição "fora".

De cada vez um jogador pega três cartões, um em cada caixa, e descobre que casa corresponde a associação dos três. Por exemplo: Quem ocupa mais casas.

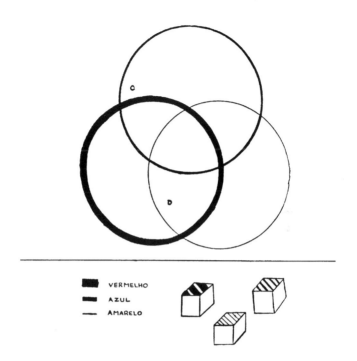

Vermelho (dentro) – Amarelo (dentro) – Azul (dentro) corresponde à casa n.º 1.

Vermelho (fora) – Amarelo (fora) – Azul (fora) corresponde à casa n.º 8.

Os jogadores colocam um cartãozinho com seu nome nas casas que conquistam. Quando se repete a saída de uma combinação de cartões, significa que a casa já foi ocupada por um jogador e que este perdeu sua vez. Quem ocupar mais casas ganha o jogo.

Foram trabalhadas como complemento do jogo de conquista de casas as fichas didáticas a seguir.

Desenha as figuras na casa certa, de acordo com as indicações da tabela.

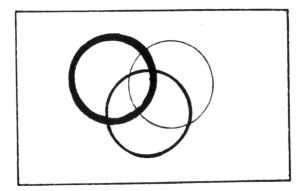

Preenche a tabela de acordo com a posição do objeto

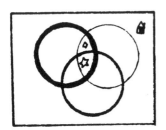
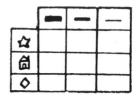

Coloque um + em cada desenho, sempre em casa diferente dos anteriores:

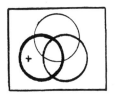
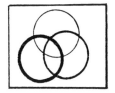
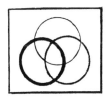

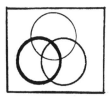
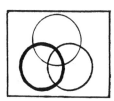

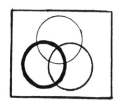
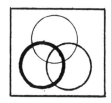
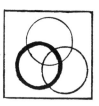

Numa das partidas deste jogo, sucessivamente à conquista de cada casa, a professora ajudou os alunos a preencher a tabela que consta da análise do jogo.

As bases teóricas para estas atividades matemáticas sobre topologia das linhas podem ser encontradas em *Iniciação à Topologia do Plano*, de *Esther Pillar Grossi, Geempa, 2006.*

Agora faremos uma breve análise do jogo "Quem ocupa mais casas?" A problemática que preside esta atividade é a das inter-relações entre três fronteiras que se intersectam duas a duas, gerando o diagrama que segue.

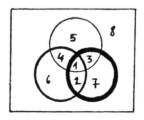

Neste caso, a combinatória das possibilidades de entrelaçamento é regular e completa, isto é, esgota a gama de todas as alternativas, conforme a tabela abaixo, que corresponde por sua vez à árvore desenhada ao lado.

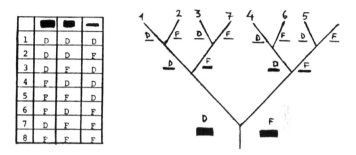

Pode-se ver a diferença de resultado se a disposição das linhas fechadas fosse a seguinte:

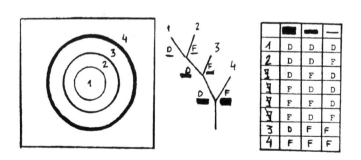

3. Jogo do dominó de traçados.

Usam-se as peças do modelo a seguir. Segue-se a regra tradicional de dominó, em que se coloca uma carta sobre a mesa e se distribuem algumas cartas aos jogadores. Cada um deles, sucessivamente, deve ir colocando cartas que tenham a mesma situação topológica, tais como:

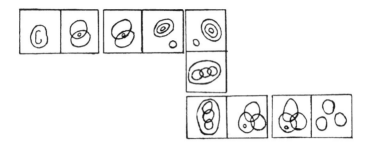

Se o jogador não tiver uma carta para pôr em nenhuma das pontas, deverá comprar cartas do monte até obtê-la. Aquele que acabar primeiro suas cartas ganha o jogo.

Trata-se de uma atividade de reconhecimento de traçados correspondentes, cuja equivalência reside em aspectos topológicos em que linhas abertas ou fechadas se entrelaçam ou não.

Neste jogo se aborda a problemática similar à que está envolvida na prova das 12 figuras, isto é, a capacidade operatória de fazer análise e síntese quanto às partes constitutivas dos traçados.

Ficha didática sobre traçados

Descobre o segredo e continua cada uma das sequências abaixo.

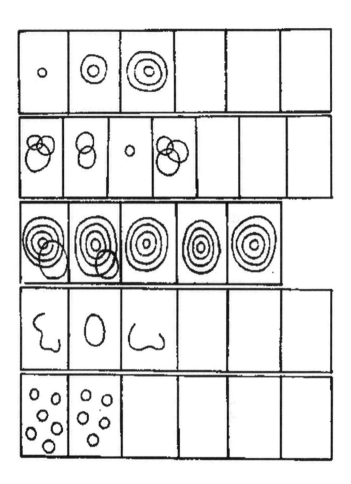

Nota: A professora deve selecionar estas tarefas escritas de acordo com o nível de cada grupo de alunos em suas competências durante o jogo do dominó de traçados.

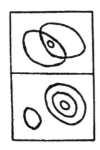 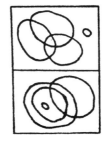 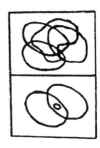

Quarta-feira

- Mudança no planejamento, face a uma batida policial, acontecimento muito significativo para os alunos;
- Montagem de um teatro sobre estes acontecimentos;
- Jogo dramático: um objeto simbolizando algo. Régua que se transformava para que os demais descobrissem a transformação;
- Merenda e recreio com jogo de bola e cordas para pular;
- Desenho individual e após, escrita coletiva sobre a batida policial;
- Fichas de matemática como lição de casa.

Para quarta-feira, a professora havia planejado a entrega dos crachás, passando por uma máquina que fazia sair o primeiro pedacinho do nome de cada aluno. Isto é, cada um deles só receberia o seu crachá se fizesse sair da máquina o primeiro pedacinho do seu nome. A professora trabalharia oralmente o desmembramento dos nomes de cada aluno, solicitando-lhes que encontrassem dentro da máquina o cartão escrito que correspondesse ao primeiro pedaço pronunciado. Estavam dentro da máquina sílabas e letras isoladas correspondentes.

Tratava-se de ver quais alunos resolviam este problema com a primeira sílaba real e quais o fariam com uma letra só, porque interpretavam-no com base na hipótese silábica. Por outro lado, dar-se-ia margem à discussão por parte dos demais alunos e à análise de suas reações a esta discussão.

Essa atividade não pôde ser realizada porque os alunos chegaram à escola muito excitados com um acontecimento da véspera ocorrido no bairro. Houve uma batida policial para tentar prender traficantes de droga. Tratava-se de uma "batida-monstro" em que atuaram policiais vindos em diversas viaturas e num helicóptero. Os sentimentos das crianças perduravam intensos até o dia seguinte, manifestando-se alternadamente entre pânico, perplexidade, medo, culpa, zombaria, solidariedade, agressão etc. Cada criança contava a sua versão dos fatos, discutindo com os demais sobre as divergências, tanto dos dados disponíveis, como das opiniões interpretativas do ocorrido.

A professora pediu-lhes que lhe mostrassem com uma dramatização como tinha acontecido a batida da véspera. Foi então necessário que os alunos organizassem, de forma um pouco mais comunitária, as informações e se distribuíssem papéis. Alguns quiseram ser os policiais, outros quiseram ser os moradores do bairro, tanto os que foram perseguidos como os meros assistentes. A dramatização deu-se um tanto desordenada, pela emoção forte impregnada nos protagonistas. Porém, passada esta primeira catarse, a professora pôde solicitar que todos os alunos se sentassem em círculo, uma vez que as carteiras tinham sido afastadas para a dramatização e, tomando uma régua, propôs:

"Agora, esta régua na mão de cada um de vocês vai se transformar no que vocês quiserem e vocês vão fazer com que os outros descubram no que ela está transformada".

Foi interessantíssimo! A régua se transformou em carro de polícia, revólver, helicóptero, cassetete, lenço (de mulher que chorava), *walkie-talkie,* televisão, botas, capacete etc. passando de criança a criança. A cada transformação, a professora sugeria que o aluno transformador imitasse os movimentos do objeto e o som que ele poderia produzir, às vezes incitando a todos que acompanhassem a produção do som ou dos movimentos.*

A professora perguntou aos alunos se eles não sentiam dentro deles também algumas vezes umas viaturas policiais que vinham castigá-los por coisas más que eles achavam que tinham feito. Perguntou-lhes se eles achavam que mereciam ser castigados por alguma coisa. Conduziu a reflexão para um lado mais intimista, procurando liberá-los interiormente, aliviando-os dos fortes sentimentos de culpa que os dominava diante dos acontecimentos da véspera.

A integração das vivências significativas dos alunos nas atividades escolares é elemento indispensável para a autenticidade de uma leitura interpretativa do mundo.

Veio a merenda, e a conversa sobre a batida policial prosseguiu, no entanto, mais tranquilamente. Na hora do recreio, houve jogo de bola e cordas para pular individualmente. O jogo de bola se caracterizou por uma violência inusitada.

---

* Esta atividade de transformação dramática de um objeto em outro foi proposta por Maria Lúcia Pupo, professora de Teatro no Curso de Alfabetização em Classes Populares, do Geempa.

A professora abandonou inteiramente o seu planejamento para esse dia e deu-lhes folhas para desenho com pincel atômico, acabando o dia de aula com uma escrita coletiva sobre a batida policial. Havia planejado um momento de dança, ao som de músicas gauchescas, com a aprendizagem de uma dança coletiva: o pau de fita, a qual também não foi realizada em virtude da "batida-monstro" da véspera.

Como lição de casa, distribuiu as fichas de matemática (ilustradas a seguir), dando continuidade à proposição de problemas no campo conceitual dos números, que já vinha fazendo desde o início do ano. Cada aluno escolheu tantas fichas quantas queria e julgava possível realizar, contando com a assessoria da professora, que conhecia as suas competências matemáticas por sondagem.

Continue como está começado:

21	12	21						

345	543	345						

100	001	100						

41	401	41	401					

66	99	66						

Descubra e escreve os números que faltam:

0	1		3		5	6		8	
	★	★ ○	★ ○ ■	★ ○ ■ ▲	★ ■ □ ○ ▲		★ ■ □ ○ ▲ ✹		

Continue como está começado:

3	Ɛ	3	Ɛ					

1	⌐	1	⌐					

2	5	2						

6	9							

2	2	5	2	2				

8	3	8	3					

7	1							

Desenhe elementos de acordo com o número, em cada linha:

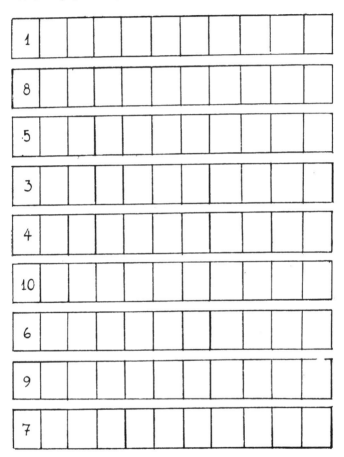

Recorta todas as tiras e cola-as no teu caderno, em ordem, começando pela que tem menos desenhos até a que tem mais.

Atividade sugerida por Régine Douady

Descubra se há o mesmo número de estrelinhas e de meias-luas ou se há mais de uma delas. Ache um jeito de mostrar o que descobriste sem usar a contagem.

Ficha A
Desenhar elementos de acordo com o número da etiqueta.

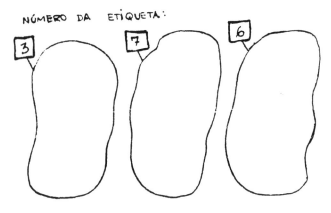

Ficha B
Desenhar elementos de acordo com o número da etiqueta.

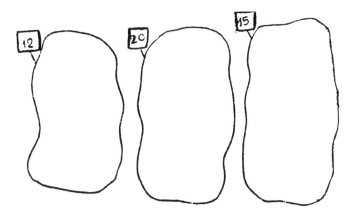

Nota: As fichas A e B se destinam a alunos diferentes conforme seu desempenho no reconhecimento dos números, de modo a que a tarefa represente, em cada caso, um certo desafio cognitivo.

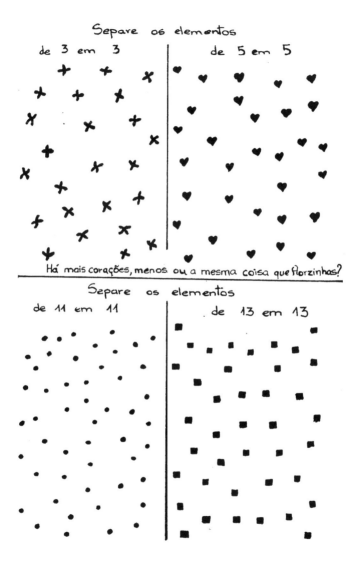

Quinta – feira

- Rotina – entrega dos crachás pela análise da 1ª sílaba escrita de cada nome;
- Atividade diversificada por níveis:
- Pré-silábicos (3 grupos) – jogo do bingo de letras, jogo do quarteto, bate-bate com baralho de letras.
- Silábicos – Dicionário: descobrir a letra de cada folha a partir dos nomes dos desenhos;
- Alfabéticos – Leitura de livros simples;
- Merenda com oferecimento individual. Análise da permutação deste oferecimento;
- Educação física – jogos dirigidos;
- Lição de casa com fichas sobre os jogos realizados nos grupos por níveis.

Estando um pouco mais acalmados os ânimos a respeito da batida policial, na quinta-feira foi possível fazer a entrega dos crachás como o planejado para quarta-feira, com muita interação entre os alunos sobre o que correspondia por escrito ao primeiro pedacinho pronunciado de cada nome. Via-se nitidamente que para os pré-silábicos a questão era incompreensível e, por isso, a professora lhes pedia a primeira letra do seu nome, sem insistir na vinculação com o primeiro pedaço pronunciado. Para eles, o problema era somente gráfico.

As atividades seguintes também tinham sido preparadas para quarta-feira, mas estrategicamente foram passadas para quinta.

Nesse dia, cada aluno recebeu na porta da sala de aula um pedacinho de papel, cuja cor indicava a mesa onde ele devia se sentar, pois na mesa havia uma bandeirinha da mesma cor do papel que recebera. A distribuição desses papéis coloridos correspondia ao momento em que cada criança estava na psicogênese.

Foram formados três grupos de pré-silábicos 2, três de silábicos e um de alfabéticos.

Atividades sobre letras

Justificativa teórica: esta proposta de alfabetização prevê o trabalho simultâneo com letras, palavras e textos. Porém, é necessário caracterizar bem o que seja cada um destes trabalhos, pois cada um deles envolve inúmeros aspectos.

O trabalho com letras encerra três objetivos fundamentais, a saber:

1. identificá-las como um conjunto de entidades específicas;

2. reconhecer e reproduzir as suas formas, nas posições arbitrárias adequadas;

3. associar-lhes o som correspondente.

O trabalho com letras em primeiro lugar aborda a ideia de que elas são entidades em si mesmas e não meramente partes constituintes de outras entidades. Isto é, o trabalho com letras não consiste somente em vê-las inseridas em palavras ou textos, mas precisa considerá-las em si mesmas, como objetos independentes. Estes objetos particulares têm um nome que os identifica e que é importante conhecê-los. Só neste espírito pode adquirir sentido memorizar o alfabeto na sua seriação arbitrária das letras, porque nele se usam os nomes das letras e numa ordem socialmente significativa, que é a base de muita ordenação de palavras (nos dicionários, nas listas telefônicas e em outras listas de nomes etc.), onde que cada letra é tomada como elemento constitutivo daquela série.

Mas para uma boa alfabetização, as letras necessitam adquirir *status* de categoria linguística independente. Também é necessário definir inter-relações entre letra, sílaba, palavra, frase e texto.

Por outro lado, cada letra apresenta várias formas de ser escrita – minúscula e maiúscula – e em diversas modalidades – cursiva, de imprensa, *script* etc. O reconhecimento e a capacidade de reprodução do seu traçado envolvem um trabalho cognitivo específico ligado à geometria, compreendendo desde noções topológicas até métricas, intermediadas pelas projetivas que necessitam, portanto, entrar na problemática da alfabetização, sobretudo para alunos de classes populares que não convivem com letras.

Um outro campo no estudo das letras é a sua associação com os sons. Esta só pode se dar operatoriamente vinculada com a pronúncia de palavras e, portanto, no nível silábico. Há uma aprendizagem dos nomes das letras ou da sua correspondência com algumas palavras que pode ser feita enquanto os alunos são pré-silábicos. Trata-se, porém, de uma associação "letra-nome" assim como "letra-determinada palavra". Por exemplo: "H" é a letra de Hugo, em que não há nenhuma associação sonora, mesmo que se trate do "A" de Alberto. Faz-se aqui uma mera associação sem nada a ver com a junção de letras para formar as sílabas. Porém, pode-se dizer que esta aprendizagem é útil para a alfabetização, porque caracteriza a letra como uma entidade, mas ela não antecipa, de per si, a indispensável compreensão de que as letras se associam na composição interna das palavras, o que lhes confere o seu verdadeiro estatuto de unidade linguística.

Aliás, a vinculação entre letras e palavras, neste nível, representa somente uma amalgamação entre ambas. É preciso, portanto, ampliar estas vinculações inicialmente feitas sem reforçá-las. Por exemplo, reforça-se esta amalgamação expondo durante vários dias nas paredes da sala de aula **um** alfabeto, onde cada letra corresponde a **uma** palavra (em geral com desenho). Com isto se favorece a persistência indesejável desta amalgamação, além de outras consequências que assinalaremos mais adiante.

Essa prática tem seus pressupostos na teoria sensualista-empirista, complementados pelo associacionismo, nos quais se aprende diretamente por meio dos sentidos, por associações baseadas na contiguidade e na repetição. Nestas concepções pensa-se que associar uma letra a uma palavra (com sua representação figurativa), assegura a correspondência dessa letra ao seu som. Entretanto, a aprendizagem se faz por elaborações internas intensas que se servem de múltiplos elementos inter-relacionados. A fecundidade didática da associação entre letra e palavra reside essencialmente em aumentar-lhe o alcance de uma biunivocidade. Isto vale tanto do ponto de vista gráfico quanto do ponto de vista da associação da letra ao seu som. É indispensável que se propicie a correspondência de uma letra para várias palavras, a fim de que o processo de associação "som *versus* letra" se dê realmente porque a referência unívoca (isto é, de uma palavra para uma letra) é contrária à dinâmica do processo, além de ser responsável por equívocos que podem gerar persistentes e futuros erros na leitura e na ortografia. Foi constatado que Rita, uma das alfabetizandas, confundia o "m" com o "b", regularmente. Muitas vezes foi tentado mostrar-lhe que "m" não era "b", até que foi descoberta a fonte do seu engano. Na parede da sala de aula, havia um alfabeto associado a palavras e desenhos, no qual para a letra "m" havia um desenho e a palavra "menina"; só que Rita interpretava o desenho do "m" como "boneca" e, por isso, dizia com segurança que "m" era "b".

Insistimos que uma das características do processo de aprendizagem, como o entendemos hoje, é a mobilidade e não a rigidez. Para que haja mobilidade cognitiva é necessário que atuem muitos elementos simultaneamente, enquanto que a rigidez funciona melhor com a unicidade deles. Como desejamos fazer funcionar o pensamento que se estrutura em sistemas, e estes requerem riqueza de elementos, assim como riqueza de relações, será a ampla e complexa experiência com muitas palavras que dará eficácia à associação dos sons às letras.

Pode-se ver que, para a associação dos sons às letras, integra-se obrigatoriamente a uma só atividade a abordagem das letras e das palavras.

Atividades para os pré-silábicos

Jogo do bingo de letras

As atividades propostas eram diversificadas para os três níveis da psicogênese. Para o grupo n.º 1 de pré-silábicos, foram trabalhadas as letras como entidades individuais, buscando associar-lhes os nomes às formas. Isto foi feito usando-se cartões com letras para bingo, porém o que se cantava era o nome da letra, antes de apresentá-la em madeira no seu formato grande.

Jogo do quarteto

No grupo n.º 2 de pré-silábicos, os alunos não correspondiam letras de imprensa e cursiva, e foi-lhes proposto o jogo de quarteto com o conjunto de cartas da página a seguir. Primeiro, eles formaram na mesa os quartetos, perguntando à professora onde localizar algumas das letras e, a seguir, embaralharam as cartas e as distribuíram para realizar o jogo tradicional de quartetos, ou "dorminhoco", ou "burro tisnado."

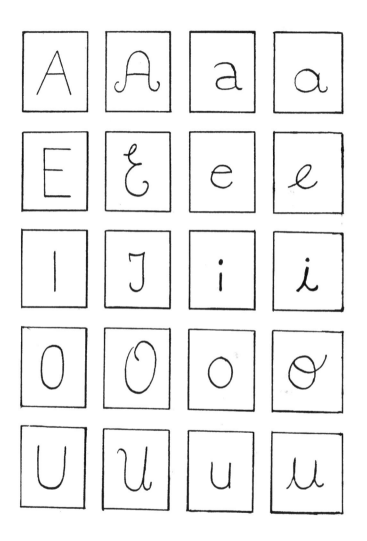

Esta carta foi anexada ao conjunto da página seguinte, como possibilitadora da circulação, de modo que cada jogador ficasse sempre com quatro cartas.

Nota: Nessa ocasião, foram usadas só as vogais em letras cursiva e de imprensa, mas obviamente o jogo pode ser realizado com qualquer letra do alfabeto, sempre em número igual ao de participantes.

O grupo n.º 3 de pré-silábicos fez o "Bate-bate com o baralho das letras".

Distribuem-se as cartas baralhadas igualmente a cada um dos participantes do grupo. Eles as vão colocando sucessivamente na mesa à medida que pronunciam o A B C D... Quando coincide a letra falada com a carta jogada, todos os jogadores devem bater em cima das cartas da mesa. O primeiro que bate recolhe todas elas para si. Ganha o jogo quem recolhe mais cartas.

Esses jogos servem também para silábicos e alfabéticos, para os quais persistem dificuldades relativas à forma das letras, bem como à associação ao seu nome.

Atividades para os alunos silábicos

Nos grupos n.º 3, 4 e 5 de silábicos foi proposta a mesma atividade de pôr letras em folhas de um dicionário, bem como tentar escrever os nomes do que estava desenhado.

Muita matemática é também trabalhada junto com a alfabetização. Aliás, o Geempa tem uma longa tradição de pesquisa sobre ensino da matemática, pois ele nasceu em 1970 chamando-se Grupo de Estudos sobre o Ensino da Matemática de Porto Alegre. Nesta foto, veem-se alunos jogando em torno de problemas numéricos.

O dicionário onde faltam as letras.

Esta turma de alunos já havia construído um dicionário, como é sugerido neste livro à página 150. Isto é, já havia associado a uma letra dada palavras que iniciassem por ela.

Na quinta-feira desta semana de trabalho, foi proposta aos alunos silábicos a tarefa inversa do dicionário anterior. São apresentadas folhas de um dicionário onde deve ser escrita a sua letra. A partir dos nomes dos desenhos que ali estão, é preciso associar-lhes uma só letra. Expressamente foram usados desenhos cujas primeiras sílabas, embora contendo a mesma primeira letra, são muito diversas quanto à sua constituição. Por exemplo: cadeira, cisne, cruz e chave. Os alunos deviam ou escrever as palavras para depois decidir a letra da folha do dicionário ou fazer o inverso.

Foi entregue uma folha de cada vez a grupos de alunos silábicos. Ela era resolvida em conjunto, com discussão entre eles. Depois eram levadas à professora, que as revisava propondo perguntas conforme os desempenhos apresentados e, em seguida, entregava-lhes nova folha do dicionário.

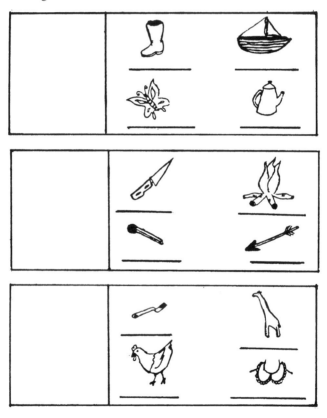

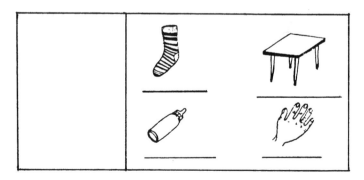

Atividade para os alunos alfabéticos

Sendo quatro os alunos alfabéticos naquela turma, cada um deles recebeu um dos seguintes livros: *O vento, Chuva, Dia e noite* e *A bota do bode,* de Eliardo e Mary França (São Paulo, Ática, 1982). Eles estavam alfabéticos que já liam texto, mas não o escreviam.

Cada um deveria ler seu livro para contar aos colegas do que ele tratava. Depois foi proposto o concurso para ver quem encontrava no seu livro mais palavras que começassem com a inicial do seu nome. Deviam localizá-las e escrevê-las no seu caderno.

Para a merenda, os alunos voltaram a seus grupos de origem, que tinham sido organizados dois meses antes, a partir de uma eleição de líderes e posterior escolha dos componentes, conforme a modalidade descrita na sexta-feira.

Merenda

Foram entregues aos líderes de grupo a toalha da mesa, um pratinho com açúcar e canela, pratinhos, copos e talheres. Dentro do espírito de incorporar a merenda às atividades didáticas, a sua distribuição foi da seguinte maneira. Havia banana e chocolate. Em vez de cada aluno se servir de bananas, a professora dava duas delas a um dos alunos, as quais ele oferecia a quem desejasse. A criança que recebia as colocava sobre a mesa já com toalha e ia buscar junto da professora outras duas bananas. Por sua vez, esta criança as oferecia a outro colega. Sucessivamente isto ocorreu até que Antônio, que ofereceu primeiro, recebeu também as suas bananas. Fechou-se então um ciclo desta permutação baseada na ação: ... oferece para ...

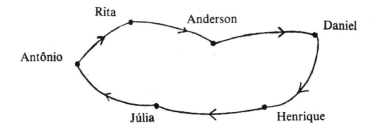

A professora iniciou um novo ciclo com um aluno que ainda não recebera merenda: o Reginaldo. Este ofereceu a Paulo e Paulo a Reginaldo.

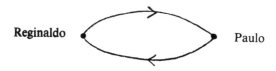

Fechou-se rapidamente este novo ciclo, tendo que ser aberto um terceiro.

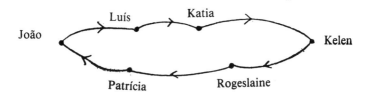

Com mais um quarto e um quinto ciclos, todos os alunos estavam servidos de bananas.

Atividades gráficas sobre permutações

Ficha de representação e análise da permutação resultante da entrega da merenda através do oferecimento de cada aluno a um outro. Escreve os nomes de cada aluno num ponto.

Quem ofereceu para fulano? Quem recebeu de beltrano? Quantas flechas saem de cada pessoa? E quantas chegam em cada uma? Por quê?

Quando o aluno que ofereceu primeiro recebe a merenda de quem ofereceu por último, quantos ciclos se formaram? Desenha essa distribuição.

Justificativa matemática: as permutações são um tipo especial de correspondência biunívoca em que conjunto de partida e de chegada são coincidentes. Ao lado das combinações e dos arranjos, elas fazem parte da análise combinatória, que é um interessante conteúdo matemático, o qual está na base das explicações de muitos fenômenos reais.

A representação gráfica do que aconteceu ajuda a compreender os fatos matemáticos que lhe são subjacentes e, por isso, é importante didaticamente propô-la aos alunos.

Num jogo de amigo secreto (ou amigo oculto) dá-se o mesmo quanto às relações entre os participantes.

O bule de leite com chocolate circulava entre as mesas, onde cada criança se servia autonomamente.

As bananas foram comidas amassadas ou em rodelinhas com açúcar e canela, ou mordidas diretamente.

Enquanto merendavam, foi lembrado que, conforme combinação feita dias antes, na sexta-feira seria realizada nova eleição de líderes para a reorganização dos grupos áulicos.

Após a merenda, os alunos lavaram seus copos, os quais eram potes vazios de iogurte, lavaram seus pratos e seus talheres e foram para o recreio.

No recreio, eles jogaram taco, que é um divertimento muito encontrado no bairro onde se situava esta classe.

A vinculação entre a escola e a realidade se faz pela valorização das experiências e formas de vida das famílias dos alunos, incorporando-as às atividades didáticas da maneira menos artificial possível.

A análise da permutação que resulta desta forma de servir a merenda foi feita mediante a sua representação por meio de flechas na lousa e no papel.

Atividades dirigidas de educação física

Embora durante os recreios haja oportunidade de os alunos realizarem atividades de educação física, através de jogos de bola como futebol, jogo de cartas, pular cordas, andar de pernas-de-pau etc., há necessidade de coordenação direta do professor em algumas ocasiões, para propiciar a todos os alunos, e de acordo com seus níveis de desempenho, atividades que garantam o progresso individual de cada um deles em equilíbrio, força, resistência e velocidade, que são os atributos dos desempenhos motores. Para isso, ele necessita estar atento ao desempenho de um por um, assim como descobrir estratégias não só para orientar cada aluno, mas também para aproximar a educação física da própria alfabetização. São muitos os casos em que a reflexão sobre um bom desempenho em educação física ajudou alunos a confiarem também em suas possibilidades de aprender a ler e escrever. Foi o caso do Valdocir. Em 1982, na 1.ª série na Vila Santo Operário, na primeira experiência do Geempa em alfabetização com uma proposta pós-construtivista, conseguimos três bicicletas, as quais levávamos à vila nas quintas-feiras, para os alunos andarem. No primeiro dia de bicicletas, Valdocir, julgando que não havia um período de aprendizagem para se equilibrar na bicicleta, agradeceu a ajuda para que ele conseguisse fazê-lo. Disse insistentemente:

"Não precisa segurar a bicicleta. Eu sei andar".

É claro que caiu fragorosamente poucos metros após iniciar sua tentativa.

Aí então rendeu-se à aceitação da ajuda. Durante muitos dias nesta aprendizagem do equilíbrio dinâmico que a bicicleta requer, ele se manifestava expressamente:

"É impossível! Eu nunca vou conseguir andar sozinho de bicicleta. Como é difícil!".

No dia em que ele conseguiu, veio correndo ao meu encontro, gritando:

"Consegui! Consegui! Então também vou aprender a ler e a escrever!".

Com isto, ele me mostrou que até então ler e escrever pareciam-lhe coisas impossíveis de fazer. A partir daí, fazíamos referência à sua conclusão, relativamente à bicicleta, cada vez que ele desanimava e se desinteressava das atividades didáticas de alfabetização, até que, também nesta área, ele conseguiu.

Trata-se de um efeito que passa de um quadro para outro, isto é, o êxito em educação física pode ser um fator de afirmação para a alfabetização ou para outras esferas da vida do sujeito.

O mesmo aconteceu com Evandra, quando foi campeã de corrida noutra classe de 1.ª série, com Márcio no salto em altura e com muitas outros em nossa história de alfabetização em classes populares.

Nesta quinta-feira, a professora organizou para depois do recreio um circuito psicomotor, como o sugerido por Rose Marie Petry,* e depois propôs diversos turnos de corrida com vários grupos de alunos.

Nas atividades de educação física, também se tem como núcleo de preocupação as aprendizagens de cada aluno, isto é, a partir de uma caracterização do nível em que cada um se encontra. Trata-se fundamentalmente de conduzir essas atividades para que cresçam todos, muito especialmente aqueles alunos que se encontram nos níveis menos avançados.

---

* *Educação Física*, Rose Marie Petry, Ed. Kuarup.

Lições de casa

Foram entregues as fichas didáticas (como as abaixo), de acordo com o jogo que cada aluno havia realizado antes da merenda, sendo que a ficha das simetrias nos eixos vertical e horizontal não dizia respeito a nenhum jogo deste dia e podia ser pega por qualquer aluno. Antes de saírem, a professora pediu que cada grupo examinasse bem, em conjunto, cada ficha, a fim de solicitarem informações se ela não estivesse suficientemente clara.

Assinala quando houve bate-bate nesta seqüência do jogo.

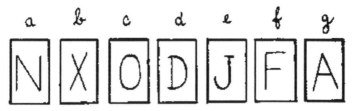

Marca onde as crianças fizeram bate-bate nesta partida representada abaixo.

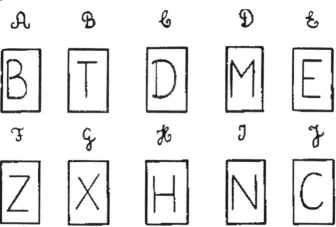

Olha as cartas de alguns jogadores do quarteto. Quem completou o seu quarteto?

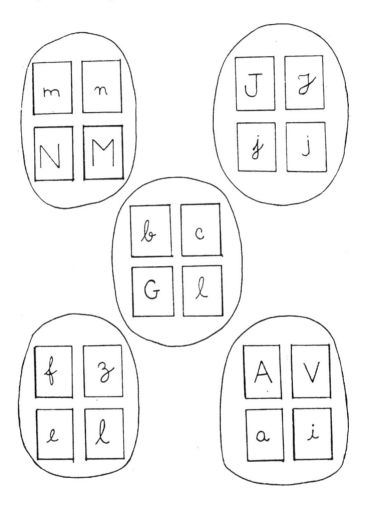

Qual carta completou o quarteto?

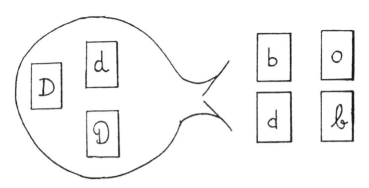

Qual carta está a mais?

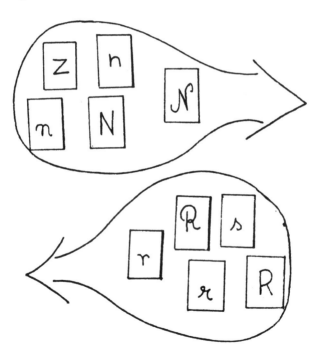

Qual carta sai para que fique só o quarteto?

Faze com as outras letras o que foi feito com o P. É como se ela se olhasse com dois espelhos, um em pé, e outro deitado.

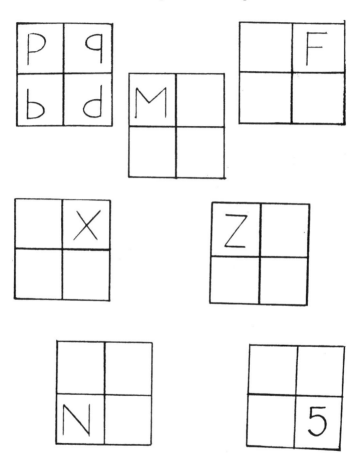

Lição de casa para alunos silábicos e alfabéticos.
Folhas do dicionário onde faltam as letras.

Escreve a letra de cada folha (em cursivo, de imprensa, manuscrita e minúscula) e escreve embaixo dos desenhos o seu nome.

Sexta-feira

- Eleição de líderes e organização dos grupos áulicos
- Merenda e recreio com pernas-de-pau e pés de lata.
- Preparação para o dia das mães a partir do livro 'Se as coisas fossem mães'

Nova eleição de líderes e reestruturação dos pequenos grupos.

Justificativa teórica: Numa sala de aula, a organização dos alunos em pequenos grupos é uma forma de operacionalizar a interação entre eles, a qual é fundamental numa situação de ensino-aprendizagem. Isto deriva de que um dos postulados de base da epistemologia é de que "aprende-se em interação com os demais", o qual se deduz do princípio ainda mais amplo de que "se aprende formulando problemas". Sem que os alunos trabalhem em pequenos grupos, a interação se limita às trocas entre a classe toda sob a batuta do professor, eventualmente às trocas com um colega próximo ou, fundamentalmente, às trocas de cada aluno com a professora, muito particularmente na aula-entrevista.

Portanto, o móvel central que justifica e exige a estruturação da classe em grupos na proposta do Geempa é a compreensão do processo de construção de conhecimentos. Esta se dá por provocações e não pela transmissão de informações. Para resolver problemas que resultam das provocações, quanto maior o número de hipóteses formuladas para encaminhar a solução, maior é a garantia de encontrá-la, pelo confronto que se pode estabelecer entre elas, desde a mais primitiva até a mais avançada. A sequência crescente dessas hipóteses é que constitui o processo da construção de um campo conceitual.

Quem formula as hipóteses são os sujeitos em via de aprender, donde é fundamental que eles tenham oportunidade de intercambiá-las e, para isso, o ambiente mais propício são os grupos de quatro alunos, em que o sistema de trocas se estabelece de maneira eficaz.

Isto não significa que se deva trabalhar sempre em pequenos grupos, mas esta é a situação geral e estável em que devem se encontrar os alunos em aula, alternada com trabalhos individuais ou em grande grupo, que também têm lugar no decorrer das atividades didáticas.

A democratização do saber, que é favorecida pelo trabalho em pequenos grupos, decorre da metodologia de ensino empregada. O saber se democratiza quando são levadas em conta as hipóteses incompletas formuladas pelos alunos, isto é, os seus saberes parciais. O saber se centraliza quando só se considera como válido o ponto de chegada, no qual só está o professor, ao menos no início do ano.

O que baliza esta problemática é a convicção de que Wallon teve razão quando afirmou que "somos geneticamente sociais" e que os saberes circulam para se transformar em conhecimentos. O trabalho em grupo visa, portanto, favorecer esta circulação.

Sendo importante que os alunos trabalhem em pequenos grupos, nos deparamos com o problema de como constituí-los. A longa experiência didática de trabalho em pequenos grupos, que o Geempa acumulou nos seus anos de experiência, revela que a adequada constituição deles é fator decisivo para o seu bom funcionamento.

Em primeiro lugar, deve haver uma estabilidade temporária dos pequenos grupos, em que uma turma de alunos estrutura-se para trabalhar em aula. Esta estabilidade está associada ao intervalo entre duas aulas-entrevistas. Pois o suporte para a eleição de líderes são os níveis detectados na aula-entrevista e/ou em outras tarefas que caracterizam passos de aprendizagens, tais como em matemática.

O aluno vota em três colegas para a escolha dos líderes: um com quem quer aprender, outro com quem quer aprender de igual para igual, outro a quem quer ensinar. Estas escolhas têm peso diferente para a contagem de pontos, a saber, 3, 2 e 1, respectivamente.

Constituição dos grupos

Os alunos de uma classe podem se dividir em pequenos grupos;

– por decisão do professor;
– por sorteio – decisão aleatória;
– pelo desejo dos alunos.

Estas três formas podem ser úteis se usadas alternadamente e com razões definidas. Por exemplo, uma vez por semana o professor organiza os grupos considerando os níveis psicogenéticos em que se encontram os alunos para um trabalho específico que resulte mais eficaz com esta divisão, como o que foi descrito na quinta-feira.

Razões similares podem justificar este tipo de intervenção do professor com relação à matemática, às artes plásticas ou a outras disciplinas.

Algumas vezes pode ser usado sorteio quando as professoras não conseguiram manejar adequadamente rejeições de alguns alunos na escolha, pela modalidade que será descrita mais adiante. Ou também, quando se quis assegurar, no início do ano, a experiência do contato estreito em pequenos grupos com um grande número de colegas, se sortear a cada semana os constituintes de grupos.

A organização dos grupos em que entra em jogo o desejo dos alunos pode se dar de duas formas:

– sem diretividade;

– com diretividade.

No primeiro caso, as crianças se agrupam como querem, isto é, espontaneamente. O desejo se atualiza no próprio gesto de reunir-se, sujeito tanto à ausência de manifestações quanto a reações esporádicas de aceitação ou rejeição. Às vezes alguns alunos chamam um colega para um grupo ou expressam a outro que não o querem ali.

No segundo caso, a expressão do desejo é operacionalizada com base em certos princípios políticos e sociais. Em primeiro lugar, o desejo, em vez de se atualizar, deve se expressar claramente pelo menos em três momentos: na votação, ao ser escolhido e ao aceitar ou não a escolha.

O desejo expresso necessita se adequar aos desejos dos outros. O respeito e o equacionamento entre os desejos de cada um são garantidos na estratégia segundo a qual os grupos se estruturam. Cada aluno vota em três colegas que julga serem bons parceiros para um pequeno grupo. Apuram-se os votos e os alunos mais votados se colocam em frente dos demais, pela ordem de votação.

O número de grupos a serem formados depende do tamanho da turma, adotando-se como orientação básica que quatro participantes por grupo é um número ideal adequado, podendo em certos casos alguns se constituírem com três ou com cinco alunos, porque nem sempre o número total de alunos é um múltiplo de 4.

Consideremos uma turma com 28 alunos, em que serão formados sete grupos, ou seja, os sete mais votados serão os líderes.

Quando não se define no 1.º turno de eleição o número desejado de líderes, procede-se a um 2.º ou até um 3.º turno. Por exemplo, tendo acontecido como segue a distribuição dos votos: Hamílton (4), Luciane (3), Eroni (3), Nico (2), Valdereza (2), Roselaine (2), Sandra (2), Norberto (2), Jaqueline (2), e os demais votos distribuídos um para cada um de outros alunos, procedeu-se assim: em razão do número de votos recebidos, Hamílton, Luciane e Eroni ficaram definidos como líderes. Porém, os outros quatro líderes tiveram de ser determinados num 2.º turno, em que toda a classe votou em um dos nomes empatados com dois votos (Nico, Valdereza, Roselaine, Sandra, Norberto e Jaqueline).

Para definir a posição de mais ou menos votado entre Luciane e Eroni, procedeu-se à contagem dos braços levantados, em favor de um ou de outro:

1.º	2.º	3.º	4.º	5.º	6.º	7.º
Hamílton	Luciane	Eroni	Valdereza	Roselaine	Sandra	Norberto

O primeiro mais votado, neste caso Hamílton, convidou um colega: "Você aceita vir para o meu grupo?". O aluno convidado decide se quer ou não. Quando aceita, junta-se a quem o escolheu. Segue-se da mesma forma até o último líder eleito.

A escolha do terceiro participante é feita pelo líder e pelo colega que já está com ele, e começa pelo menos votado, isto é, do 7.º ao 1.º.

1.ª escolha de parceiros

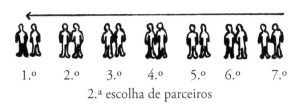

1.º   2.º   3.º   4.º   5.º   6.º   7.º

2.ª escolha de parceiros

Esta inversão relativamente à primeira escolha é inspirada no que fazem os alunos quando se dividem em dois times para jogar futebol. Duas crianças se designam ou são designadas para serem os capitães dos times. Tiram "par ou ímpar", e quem ganhou faz a primeira escolha. Quem perde faz a segunda e a terceira escolhas, para que o outro time não fique com um número desproporcional de jogadores mais aptos. Depois prosseguem, alternando-se na escolha, de um a um.

Cabe aos últimos participantes de cada grupo, isto é, os que serão decididos depois dos três anteriores escolherem eles, a qual grupo querem pertencer. Eles farão esta escolha, após cada trinca já constituída, preparar e apresentar um 'marketing' de porquê vai ser bom estudar com eles. Colocam-se os que ficaram para o final das escolhas numa posição ativa de quem toma a sua decisão, ouvindo as propostas de trabalhado dos líderes e dos dois colegas que já estão com cada líder.

O momento da eleição dos líderes e da escolha dos participantes dos grupos é imensamente importante para uma classe de alunos, porque evidencia o que antes estava apenas subjacente às relações entre eles. Esta explicitação traz ao nível consciente os sentimentos presentes na dinâmica que rege o relacionamento na classe. Obviamente, esses sentimentos são o pano de fundo que sustenta lideranças ou rejeições. Tem-se a ilusão, ao não explicitá-los, de que eles não são fonte de sofrimento ou de alegria, para rejeitados e líderes. Sobretudo num grupo humano como uma turma de alunos cujo objetivo comum é a aprendizagem, o olhar de uns sobre os outros é desencadeador ou não de aprendizagens. Aqueles que são vistos como inteligentes pelos demais têm mais chance de progredir do que os que são vistos como burros. Essas opiniões se fazem presentes na escolha dos grupos, se o contrato entre professores e alunos está bem estabelecido, isto é, se todos têm claro que ali estão para se alfabetizar e aprender muitas coisas, e se o desejo de fazê-lo está assegurado.

Pode suceder na primeira eleição que os alunos votem por razões alheias aos objetivos precípuos escolares (escolher o vizinho de rua, o mais forte no futebol etc.), porém, com uma dinâmica bem conduzida dos trabalhos em aula nas eleições subsequentes, essas distorções se corrigem, isto é, eles vão escolher os colegas pelo seu desempenho nas atividades de aprendizagem. As eleições fornecem à professora elementos importantes sobre a imagem que se fazem mutuamente os alunos, cuja adequação lhe compete corrigir com habilidade e inteligência. Ou seja, a professora precisa assegurar a toda a turma que não há nenhum aluno que não aprenda, desbloqueando os que se sentirem assim, demonstrando com fatos concretos que há nisto um engano.

"Todo desejo é desejo do outro" (Lacan) e "todo conhecimento é conhecimento do outro" (Sara Pain), na medida em que da solicitação do "olhar" do outro nasce o desejo, e na medida em que do direcionamento do mundo cultural que nos cerca é que se encaminha a construção dos conhecimentos.

Portanto, o desejo de aprender é sustentado pelo contexto em que está um sujeito, e é nesse sentido que a estruturação dos pequenos grupos pode ser um grande auxílio à aprendizagem.

Politicamente, esta estruturação dos pequenos grupos tem bases sólidas. A expressão do desejo, através do voto para decidir os líderes, assegura-lhes a prerrogativa de escolherem, pela ordem na votação, os primeiros companheiros de trabalho. Foge-se ao arbítrio, e há nisso apoio amplo em princípios democráticos. Poder aceitar ou não a escolha feita é assegurar novamente a vigência democrática. A escolha do terceiro elemento, feita pelo acordo entre o líder e o que já foi escolhido, é uma descentralização do poder decisório da pessoa do líder. Este processo de organização dos grupos, que encaminha socialmente de forma adequada os desejos de cada um, permite depois exigir-lhes a sustentação e o respeito. Por isso, não faz sentido que, uma vez constituídos os grupos, alguém queira passar de um para outro, pois ele denega a expressão organizada dos desejos de todos. Esperar até a próxima eleição para efetuar novas trocas significa educar para a democracia, o que iniciamos, portanto, no bojo das atividades escolares.

Outrossim, esta estruturação dos pequenos grupos é uma lição eloquente de estudos sociais. Eloquente por ser concreta, significativa e prática. Ensinar história, geografia, sociologia, antropologia etc., que constituem os estudos sociais, enraíza-se em vivências adequadas de grupos humanos, se possível inspirados nos princípios da justiça e da democracia. A vida de uma turma de alfabetização, como grupo de pessoas com história própria, rica e original, é um dos elementos para poder começar a inteirar-se da história da humanidade.

Nomes dos grupos

Após a constituição dos grupos, cada um deles escolhe um nome e o comunica a toda a classe. A professora pede-lhes que escrevam esse nome, discutindo que letras são necessárias. Propicia-se, assim, um intercâmbio rico entre pré-silábicos, silábicos e alfabéticos, os quais, usando suas hipóteses, propõem escritas ainda não convencionais. Cada grupo ditou à professora a escrita do seu nome e, com isso, estabeleceu-se uma ampliação da discussão anterior para toda a classe. Chegaram afinal à escrita ortográfica dos nomes de cada grupo com a intervenção da professora, seguindo-se uma atividade de leitura em que ela mostrava no quadro um dos nomes e todos ou um aluno designado devia lê-lo.

Merenda e recreio

Após a merenda e recreio, houve a preparação para o Dia das Mães. Na hora do recreio, os alunos dispuseram de pernas-de-pau e pés-de-lata, para andar. A professora incitou a que todos aprendessem a fazê-lo e que os que já estavam "bambas" ajudassem os outros.

Dias das Mães – leitura de um livro

Como no domingo seguinte se comemoraria o Dia das Mães, já fora combinado na semana anterior que eles iriam levar às mães um presente muito especial, bem próprio de quem está aprendendo a ler e a escrever. Tratava-se do livro *Se as coisas fossem mães,* de Sylvia Orthof, do qual a professora fez uma versão policopiada.

Se a lua fosse mãe, seria mãe das estrelas,
o céu seria sua casa, casa das estrelas belas.

..................................(escreve o nome da sua mãe, outra, ou quem lhe cria.)
Gertrudes, Malvina, Alice, toda mãe é como eu disse.

Dona Mamãe ralha e beija,
erra, acerta, arruma a mesa,
cozinha, escreve, trabalha fora,

Se a mesa fosse mãe,
as filhas, sendo cadeiras,
sentariam comportadas
teriam "boas maneiras".

Cada mãe é diferente: mãe verdadeira, ou postiça,
mãe vovó e mãe titia, Maria, Filó, Francisca.

Se uma bruxa fosse mãe,
seria mãe gozada:
seria mãe das vassouras, da Família Vassourada!

Se a chaleira fosse mãe, seria mãe da água fervida,
faria chá e remédio para as doenças da vida.

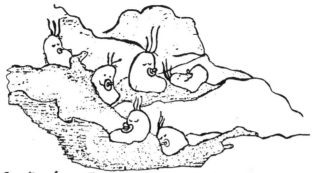

Se a terra fosse mãe, seria mãe das sementes,
pois mãe é tudo que abraça, acha graça e ama a gente.

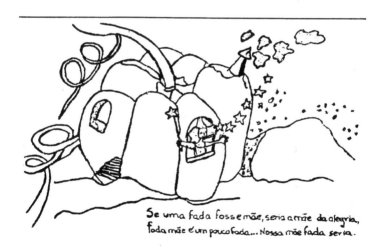

Se uma fada fosse mãe, seria a mãe da alegria,
fada mãe é um pouco fada... Nossa mãe fada seria.

Se a sereia fosse mãe, seria mãe dos peixinhos,
o mar seria um jardim e os barcos seus carrinhos.

Se a casa fosse mãe, seria mãe das janelas,
conversaria com a lua sobre as crianças estrelas.
Falaria de receitas, pastéis de vento, quindins,
emprestaria a cozinha para a lua fazer pudins,

A professora criou um clima de suspense antes de mostrar o livro, o que despertou grande curiosidade nos alunos. Após mostrar-lhes, leu pausadamente e com muita entonação o texto, página por página. Os alunos se mostraram muito concentrados. Quando ela acabou de ler, as crianças bateram palmas, menos um menino que estava de cara feia, o José. A professora perguntou-lhes quem tinha mãe que era avó, ou tia, ou pai etc., levando-os a pensarem que o que importava era ter alguém que se ocupasse de nós. O José continuava emburrado. Fizeram um levantamento sobre as profissões das mães de cada um deles, das suas idades, das suas características. Conversaram sobre os irmãos e irmãs que cada um tinha. Como eles os incomodavam ou como brincavam juntos. A professora perguntou-lhes quantos filhos eles queriam ter, quando fossem grandes, auscultando suas reações e escutando os argumentos a favor de não ter filhos, ter poucos ou ter muitos filhos. José disse que não ia ter filho nenhum, que não gostava da mãe. Ele vivia com a avó paterna, que lembrava frequentemente ter a mãe abandonado a ele e ao irmão. A professora, sentindo o quanto lhe fazia sofrer esta preparação do Dia das Mães e na impossibilidade de se ocupar especialmente dele, neste momento lhe disse baixinho: "Está bem, José, este assunto é difícil para ti. Eu te compreendo. Vai no armário pegar aquele quebra-cabeça, do qual você gostou tanto de montar, e trabalha com ele. Depois da aula, nós conversaremos". Assim mesmo, vez por outra, ele manifestava seu constrangimento com o que continuou sendo realizado com o restante da classe a respeito do livro das mães.

A professora, retomando a turma, perguntou-lhes se queriam que ela relesse o livro e o fez, diante da resposta positiva. Após ler algumas páginas, perguntava quem se lembrava de algumas delas e se era capaz de recitá-las. Uma destas foi a página em que se lê:

Se uma fada fosse mãe, seria mãe da alegria
Toda mãe é um pouco fada – Nossa mãe, fada seria.

Os alunos tentaram repetir de memória esses versos e a professora ajudou-os, recitando ainda mais uma vez. Aí, então, toda a classe já o fez em uníssono, quase com unanimidade. Mostrou-lhes que havia lugar no livro para cada um desenhar sua mãe e escrever o seu nome. Assim, terminada a releitura, foram entregues os livros, que foram manuseados individualmente com alguns pedidos de leitura de certas páginas, e passaram a desenhar a mãe e a escrever o nome dela. Muitos pediram auxílio à professora sobre como escrever o nome da mãe. A professora sempre lhes perguntava como achavam que era, encorajando-os a tentar descobrir. Analisava com eles as suas escritas, enfatizando a importância de cada um pensar e escrever como achava que era. A maioria das crianças escreveu primeiro o nome da mãe (mãe-avó, mãe-tia, mãe-madrinha...) como achava que era e depois o nome dela como "gente grande" escreve.

A professora havia preparado uma simplificação dos desenhos de cada página em folhas grandes e suspendeu-as sucessivamente na lousa e na parede, perguntando aos alunos o que estava escrito em cada uma delas no livro. Iniciou pelo coração da capa e escreveu na hora, sob o olhar dos alunos, o título do livro: *Se as coisas fossem mães*. Neste dia, ela somente escreveu o texto de seis páginas salteadas, desafiando-os a localizar a palavra "mãe" nestas partes do livro.

Após o preenchimento dessas folhas, foi perguntado aos alunos se queriam presentear a mãe com o livro, ou se queriam fazê-lo lendo para a mãe o que nele estava escrito. Os alunos se dividiram quanto a isso, mas todos quiseram embrulhar o livro em papéis que a professora distribuiu. Quem quis passou barbante em volta e alguns decoraram o pacote com outras colagens.

O tema de casa, nesta sexta-feira, foi copiar no caderno o título do livro e outras partes que cada um quisesse. Além disso, foi anunciado que haveria um concurso na segunda-feira, de quem chegasse mais perto ou acertasse quantas vezes aparecia a palavra "mãe" no livro.

Após a aula, a professora perguntou ao José se ele queria levar o livro para a avó. Ele disse que não, porque ela não era sua mãe. A professora disse que estava ali, pertinho dele, sentindo o quanto era ruim que a mãe não morasse com ele: "Eu não sou sua mãe. Sou tua professora e gosto muito de ti. Aqui na sala não tem mãe nenhuma. Só professora. Na aula, tu tens o que todos têm – a professora que cuida de todos e ajuda todos a aprender".

O José recebeu como lição de casa as pecinhas do Tangram e uma folha com figuras para montá-las com estas peças.

Na segunda-feira seguinte, quando os alunos relataram como transcorreu a entrega do presente às mães, a professora completou a tarefa de escrever na ampliação das páginas do livro *Se as coisas fossem mães* o que nelas se lia.

O que fazer com os alunos silábicos?

Acolhimento e ruptura de hipóteses

A passagem de um nível a outro, no processo de alfabetização, origina-se da tomada de consciência pelo aluno da insuficiência das hipóteses até então por ele formuladas para explicar a leitura e a escrita. Queremos assinalar com isto que a passagem de um nível cognitivo para outro mais elevado não se dá porque foi atingido certo patamar de conhecimentos tido como definitivo e estável. Ao contrário, a passagem dá-se porque se esbarrou num obstáculo – "A consciência nasce do obstáculo" (Claparède). Este obstáculo é a consciência de uma ignorância, a de que foram feitas hipóteses insuficientes, as quais não explicam a realidade a contento. Essas hipóteses se chocam com a explicação da realidade dada pelos outros, isto é, com a explicação veiculada na cultura disponível. A ignorância, segundo Sara Pain, não é o não saber; é o saber equivocado que se mistura com o saber ajustado ou adequado.

Reconhecimento das formas das letras e sua associação aos sons – processo paralelo aos níveis da psicogênese

A história do prefeito acusado de analfabeto

Nas rodas de chimarrão gaúcho, costuma-se distinguir entre "causos" e "acontecidos". "Causos" são histórias pitorescas inventadas, em que a imaginação funciona em cima da realidade, criando algo digno de ser contado num papo entre amigos. Os "acontecidos", no entanto, são histórias pitorescas verídicas, ou seja, fatos ocorridos realmente.

A história do prefeito acusado de ser analfabeto é um "acontecido". Ocorreu de verdade, e ilustra muito bem a distinção entre reconhecimento das formas e dos sons das letras e a capacidade de com elas construir um sistema de escrita.

Esse prefeito assumiu o cargo por contingências muito especiais. Ele era somente o vice-prefeito. Mas, em época de infeliz memória, o prefeito foi cassado politicamente, não restando outra alternativa senão a posse do vice-prefeito como prefeito, o qual, de fato, não sabia nem ler nem escrever.

Não tardou que um adversário político o acusasse publicamente, chamando-o de analfabeto. O "alcaide" não se intimidou e defendeu-se:

"Analfabeto eu não sou. Conheço todas as letras. Só que quem as 'acolhera'* é a minha filha".

Importa salientar que o reconhecimento das formas das letras e a associação isolada de fonemas com grafemas é um trabalho cognitivo que corre paralelo à vivência dos níveis pré-silábicos, silábico e alfabético. Tal reconhecimento guarda certa independência do processo de vinculação das letras entre si para constituir o nosso sistema de escrita e que se organiza nos níveis citados. Aliás, o processo de associação letra x som prossegue quando os alunos já estão alfabetizados e com especial intensidade, como se verá no quarto volume destas Didáticas.

---

* Acolherar é um termo usado na zona da campanha do Rio Grande do Sul e que significa juntar, compor, associar.

O reconhecimento das formas das letras, bem como a sua associação a sons, pode estar presente nos quatro níveis, sendo possível encontrar alunos que no nível pré-silábico já associem todas as letras a seus nomes. Mas também podemos encontrar alunos no nível alfabético que os associem a poucos nomes de letras.

Portanto, atividades didáticas de reconhecimento da forma das letras e de associação "grafema-fonema" devem ser propostas ao longo de todo o processo de alfabetização. Nos níveis pré-silábicos, estas atividades têm somente como suporte a autoridade dos que, sabendo ler, podem assegurar que tal traçado é tal letra e que tal letra possui tal som. A partir do nível silábico, a vinculação "letra-som" pode ser proposta com certo suporte lógico acessível ao aluno. Este suporte lógico repousa sobre a descoberta, ainda insuficiente, da vinculação "pronúncia-escrita". Entretanto, esta vinculação goza de uma especial aproximação com a realidade, quanto à primeira sílaba. Para a primeira sílaba, está assegurada uma correspondência parcial com a letra que a ela for associada. Por exemplo, para escrever BOLA, se o aluno puser BL ou OA, em ambos os casos a primeira letra utilizada faz parte da primeira sílaba da palavra BOLA. Por outro lado, na leitura de palavras já escritas junto de imagens como em

ao dizer que para "m" vale "ma" e que para "c" vale "ca", já há uma aproximação válida. Esta aproximação é ainda maior quando a sílaba inicial é uma vogal ou começa por uma delas.

Vê-se por aí toda a riqueza que pode ter a ênfase do estudo da letra inicial das palavras neste nível. Nos pré-silábicos, a importância da primeira letra das palavras, especialmente do próprio nome da criança, estava vinculada tão-somente à sua posição espacial privilegiada com relação às outras letras; entravam em questão exclusivamente os aspectos figurativos. No nível silábico, como vimos, pode-se começar a fazer uma análise associada ao seu valor sonoro, uma vez que se está fazendo a associação "letra-som" e que, para a primeira letra de cada palavra, o som pronunciado pela criança é parcialmente a ele associado, o que pode constituir uma contribuição especial à associação "grafema-fonema". Isto mesmo não se verifica para as sílabas subsequentes.

ATIVIDADES DIDÁTICAS SOBRE A LETRA INICIAL DE PALAVRAS

Com ênfase na primeira letra de palavras, serão válidas as sugestões de atividades que seguem:

1. Completar palavras quando lhes falta a primeira letra

Escolher uma das letras abaixo para completar as palavras:

_OLA _VIÃO _ELEVISÃO _OGÃO _ÍCARA _AMINHÃO

| B C A T X F |

2. Escrever palavras, dadas as primeiras letras

Escrever em cada quadro uma palavra que comece pela letra que aí está.

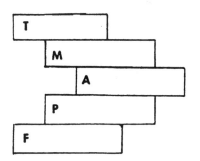

Estas atividades devem ser conduzidas até serem usadas todas as letras do alfabeto como iniciais de palavras.

Escreva palavras começando por algumas destas letras:

A	
B	
C	D
E	F
G	H
I	J
L	M
N	O
P	Q
R	S
T	U
V	X
Y	Z

3. Escrever as palavras no conjunto de sua primeira letra

GATO   CARRO   GALINHA   CACHORRO-QUENTE

4. Ligar cada desenho à primeira letra do seu nome

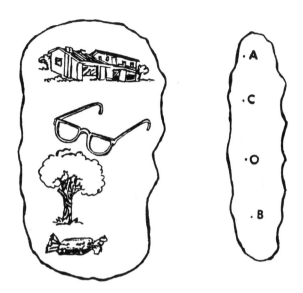

5. Tesouro individual

Dentro das atividades com palavras, sugerimos, muito especialmente para os alunos silábicos, a introdução ou o enriquecimento do "tesouro" individual, depois que o "tesouro" da classe já foi organizado e trabalhado. O "tesouro" individual é o conjunto de palavras escolhidas particularmente pelo aluno, escritas pelo professor em pedaços de papel (de preferência em formas e cores diferentes) e colocadas num envelope ou caixinha, para uso no processo de alfabetização. Para organizá-lo, o professor senta com cada aluno e lhe pergunta que palavras quer pôr no seu tesouro. Os nomes próprios das pessoas, animais ou coisas (por exemplo, de boneca), de que a criança mais gosta, podem e devem constar de seu tesouro.

Enfatizamos a escrita dos nomes próprios porque, para eles, a escrita tem uma função mais específica e facilitadora da representação do que para substantivos comuns e concretos. Estes possuem uma representação gráfica através do desenho de seus traços essenciais que, por vezes, é mais simples do que usar letras para representá-los no papel. No entanto, os nomes próprios são associados a um único ente, cujo desenho exige uma tal particularização de traços que, escrever-lhes os nomes, facilita a sua representação.

Desenhar uma mesa, casa ou árvore, através dos seus elementos mais gerais, não é tarefa muito difícil, nem mesmo para crianças pequenas. No entanto, desenhar a si mesma, de modo que seja reconhecível como tal, já é muito mais exigente. Nesse sentido, a escrita do nome aparece como uma maneira prática e eficaz de cumprir a tarefa de representar univocamente os nomes próprios.

Em função desses argumentos é que propomos, em primeiro lugar, o uso dos nomes dos alunos em crachás e a criação de numerosas atividades com eles (bingo de letras e de palavras, quebra-cabeças, dominós...). É por estas mesmas razões que sugerimos, agora, a criação do tesouro individual, centrada nos nomes de pessoas afetivamente ligadas às crianças. É útil escrever as iniciais das palavras do tesouro com cor diferente das demais, porque a associação já pode ser estabelecida entre ela e o som da primeira letra da palavra.

Com essas palavras, atividades variadas podem ser propostas: trabalhar a primeira letra, o número de suas letras etc. O sonoro introduz uma perspectiva muito nova e específica no contato da criança com a escrita e direciona especificamente a finalidade das análises de palavras no nível silábico. Por exemplo, a análise do número de letras de cada palavra será uma excelente fonte de conflito para o aluno silábico questionar sua hipótese sobre a escrita. Para ele, sempre deve haver menos letras do que aparecem nos escritos dos adultos. Por isso mesmo, estas análises são interessantes para levá-los à ruptura de seu esquema de pensamento.

6. Análise do número de letras em palavras

Cada aluno escolhe uma das palavras do seu tesouro. Propomos, por exemplo, traçar no chão uma linha fechada para que os alunos caminhem sobre ela, de modo que a ponta do pé direito encoste no calcanhar do pé esquerdo, isto é, sugere-se um modo de andar que exige bastante equilíbrio. Conseguido este, propõe-se que só permaneçam sobre a linha os alunos cuja palavra do seu tesouro, escolhida para esta atividade, tenha somente cinco letras. As crianças cujas palavras tiverem menos de cinco letras devem passar ao interior da linha fechada, e as que tiverem palavras com mais de cinco letras devem colocar-se no exterior da linha fechada. Ao ouvirem palmas, todos devem voltar a caminhar sobre a linha. Modifica-se, então, o número de referência sucessivamente para 6, 7, 8, 4 letras das palavras cujos proprietários continuarão andando sobre a linha, enquanto os donos de palavras com menos letras do que o número referido irão para o interior, e aqueles com mais letras deverão ir para o exterior da linha fechada.

Mais atividades sobre palavras serão sugeridas juntamente com atividades centradas sobre letras do alfabeto.

A escrita no nível silábico*

O nível silábico é um momento especialmente propício à escrita, porque a hipótese de que cada sílaba pode ser escrita por uma letra é uma solução incompleta para explicar o sistema que estrutura nossa língua escrita, mas que satisfaz à criança naquele momento. Por isso, dizemos que escrever no nível silábico é uma maneira de "curtir" a nova fórmula encontrada pela criança de entrar no mundo da escrita. Escrevendo bastante, a criança terá a oportunidade de dar-se conta de que sua hipótese não é completa, porque não resolve plenamente os problemas de nosso sistema de escrita, pois não permite a sua decodificação. Uma criança que evolui no nível silábico vai descobrir que pode escrever tudo o que quer, mas que aquilo que foi escrito não pode ser lido nem por ela nem por outra pessoa, porque faltam elementos discriminativos nas sílabas. Para isso, não é preciso que o professor assinale que estão faltando letras e, muito menos, que marque com um "x" as palavras escritas pelo

---

* Entendemos aqui por escrita a produção de palavras ou textos, a partir do emprego dos esquemas de pensamento operatório da criança e não pela mera ativação da memória perceptiva. Estamos nos referindo à escrita de palavras memorizadas ou não pelos alunos.

É, no entanto, interessante observar que mesmo palavras cuja escrita foi memorizada globalmente durante os níveis pré-silábicos são modificadas com base na hipótese silábica. Em várias de nossas classes experimentais, Miudinho (um macaco) foi vivenciado como um personagem importante de várias histórias trabalhadas em aula. Miudinho era uma das várias palavras que compunham o repertório das que tinham sido guardadas de memória. Entretanto, a hipótese silábica levava os mesmos alunos, que antes escreviam MIUDINHO, a escrevê-la de uma das maneiras seguintes: IOIO, MUIO, IUDU etc.

Por outro lado, na escrita de frases, um aluno silábico pode apresentar produções em que, para cada palavra, escreva uma só letra. Trata-se de um fenômeno muitíssimo interessante que merece estudos mais aprofundados para explicar por que uma palavra, quando inserida em uma frase, muda a sua estruturação escrita.

aluno associando-as à noção de errado. Ao contrário, o aluno necessita descobrir a seu tempo a incompletude de sua hipótese e não ser bloqueado pela censura que a conotação de errado costuma produzir. O erro nesta proposta tem uma dimensão eminentemente construtiva e não se busca evitá-la, mas superá-la pelo sujeito que aprende, a partir de uma necessidade lógica experimentada por ele mesmo. Trata-se de uma trajetória que difere muito das vivências do ensino convencional, em que o erro deve ser evitado a todo custo. Nesta proposta, de base pós-construtivista, supera-se a visão de que a aprendizagem se faz de fora para dentro pela fixação do modelo correto vindo do exterior, através de informação do professor. A aprendizagem se faz pela interação com a realidade das estruturas inteligentes de que o aluno dispõe em cada momento, em interlocução social.

A realidade que interage com a inteligência do aluno inclui a "ensenha" do professor, isto é, a organização didática que ele apresenta sobre o conteúdo a ensinar, para que este se torne objeto de desejo do aluno, assim como as trocas com seus pares, com seus colegas, os quais estão, como ele, num mesmo patamar de conhecimentos face a um certo campo conceitual.

Em vez de tolher o aluno de escrever silabicamente, no sentido de que a cada sílaba corresponde a uma letra, é importante abrir espaço para que ele o faça livremente e com regularidade. É mesmo imprescindível que o aluno possa esgotar por si mesmo o desejo de utilizar a hipótese silábica que lhe representou um passo muito significativo no seu processo de aquisição do sistema de escrita. A melhor forma de superá-la é descobrir imperativos lógicos que a questionem sem a imposição de autoridade do professor. Ilustramos nosso argumento lembrando a situação de Jorge, um dos nossos alunos, em uma das escolas da periferia de Porto Alegre. Ele era repetente da 1.ª série pela quarta vez, mas estando silábico escrevia, se não se sentisse bloqueado, com uma só letra para cada sílaba. Porém, cada vez que assim procedera, recebera um enorme "x" dos seus professores dos anos anteriores. Tentamos liberá-lo, para que recuperasse sua vivência da hipótese silábica. Dissemos-lhe:

"Jorge, pensa e escreve como tu achas que é".

Ele nos respondeu:

"Pensar não me adianta. Cada vez que eu penso e escrevo como acho que é, eu erro. Preciso é adivinhar como é que o professor quer que eu escreva".

Jorge só conseguiu alfabetizar-se porque recuperou a confiança na sua capacidade de pensar, com a aceitação, pelo seu novo professor, das suas produções no nível silábico, superando-as a seguir.

Com o objetivo de propiciar ao aluno que escreva bastante, quando está silábico, sugerimos os ditados, em variadas versões, como uma atividade própria deste nível. Quatro versões de ditados citamos aqui:

1. O ditado tradicional de palavras e frases, em que o professor dita algo e os alunos escrevem nos seus cadernos. Nele, porém, é interessante introduzir algumas variações, tais como:

1.1. O incentivo à troca de ideias entre os alunos sobre como se escreve o que foi ditado. Desta forma, o ditado pode se transformar numa atividade de aprendizagem e não só de avaliação, enriquecida pela interação social entre os alunos.

Recordamos aqui o caso ocorrido, mais de uma vez, de alunos silábicos divididos em dois grupos – os que utilizavam só as vogais e os que utilizavam só consoantes. Por exemplo, para escrever BONECA, os do primeiro grupo faziam OEA e os do segundo grupo faziam BNC.

Colocados juntos na hora do ditado, e sendo-lhes permitido discutir sobre suas produções escritas, pôde-se apreciar o seguinte diálogo:

"Mas tu não vês que está faltando letra na tua palavra? Como escrever BONECA sem O!".

Ao que o outro contestava:

"Falta é na tua palavra, BONECA se escreve com B!".

Ambos se levantaram e foram até um colega que já estava alfabetizado para tirar a dúvida. Muito surpresos, diziam:

"Pois não é que ele escreve com as tuas letras e com as minhas, ao mesmo tempo!".

Por certo tempo, os alunos silábicos simplesmente acrescentavam às suas letras as do colega, como em BNCOEA ou OEABNC. Até que descobriram em que ordem as escritas deviam se completar para produzir verdadeiramente a palavra ditada.

1.2 A escolha de palavras de um mesmo universo semântico ou dentro do mesmo contexto de vivências recentes em sala de aula, incluindo também frases simples.

1.3 A ausência de correção, usando critério ortográfico como padrão.

1.4 A socialização da escolha do que se dita, ou seja, abrir-se a possibilidade de que alunos ou grupos de alunos também ditem para os colegas, em vez de esta atribuição ser monopólio do professor.

2. O ditado de palavras para que os alunos só escrevam as suas iniciais. Por exemplo, dita-se televisão e os alunos só escrevem T. Dita-se cometa e eles devem escrever C. Poderão

também aparecer E ou O como primeiras letras para televisão e cometa, para os alunos que privilegiam o som da vogal nas sílabas. O confronto entre produções diferentes, num mesmo grupo de alunos, gerará uma discussão frutífera entre eles, o que, aliás, vale a pena ser encorajado.

3. O ditado para si mesmo, em que cada aluno determina o conteúdo do seu próprio ditado, isto é, escreve aquilo que quer escrever e pensa saber fazê-lo.

É interessante que, após esta modalidade de ditado, o professor possa ouvir de cada aluno o que ele quis escrever, a fim de poder averiguar em que nível do processo de alfabetização ele se encontra e com ele dialogar. Isso também pode ser realizado em pequenos grupos de alunos, sobretudo se houver heterogeneidade de níveis entre eles.

No momento de discutir as produções de um tal ditado, podem surgir situações como a de Cimara, que escreveu "gelatina" da forma que segue: GATA. Como já conhecia a escrita global da palavra GATA, de memória, ela exclamou:

"Mas é GATA!".

Voltou a silabar: ge (G), la (A), ti (T), na (A) e concluiu:

"Mas é gelatina, também!".

O conflito da leitura de sua escrita silábica instalara-se para ela. Algo apareceu-lhe como estranho – "gata" e "gelatina" escritas da mesma maneira! Soube-se que nessa noite, em casa, Cimara intimou sua mãe a que lhe ensinasse a ler, porque sentia que algo lhe faltava.

Pode-se ver neste relato o valor do conhecimento global, de memória, de certas palavras, para produzir o conflito de passagem do nível silábico para o alfabético.

Situa-se, no mesmo nível desta vivência de Cimara a constatação de sobra de letras em palavras, para alunos silábicos, a começar pelo seu nome. Para um aluno silábico, há excesso de letras nas produções escritas dos adultos ou dos livros. Isto lhe dificulta ou impede a leitura de palavras ou textos alfabéticos, razão pela qual a didática do nível silábico deve centrar-se sobre a escrita, uma vez que a hipótese silábica representa somente uma solução aparente para o problema de escrita, e que precisa ser bem vivenciada, até que possa vir a ser questionada.

4. O ditado para o professor, em que os alunos não só ditam para o professor o que ele deve escrever no quadro, mas *como* deve escrever. O professor reproduz no quadro tantas maneiras de escrever quantas lhe forem sugeridas por alunos em diversas etapas de alfabetização. O professor insiste:

"Eu vou escrever de cada jeito diferente que alguém achar que dá para ser esta palavra".

Para a palavra JACARÉ saíram as seguintes versões:

LADNORLE
GER
JAE
JACR

Como ninguém era alfabético nesta classe, o professor acrescentou:

"Vou escrever jacaré como se vê nos livros".

(E juntou às anteriores a escrita JACARÉ.)

Nota: É importante que entre as palavras ditadas apareçam aquelas cujas grafias "silábicas" se equivalem, embora as palavras sejam diferentes, como BOLA, BALA, BULE, BILU,

BOLO. Para alunos que utilizam somente consoantes, todas elas serão escritas BL.

O mesmo sucederá para alunos que estiverem utilizando somente vogais para palavras como BOLA, SOPA, MOLA, ou para PANELA, CANECA...

A introdução proposital de tais palavras nos ditados poderá conduzir a conflito e reflexão, sobretudo se houver espaço para discussão e análise, pelos alunos, das suas produções.

AS LETRAS NO NÍVEL SILÁBICO

No nível silábico, as atividades com todas as letras devem ser grandemente intensificadas. O uso de muitos alfabetos móveis, de tamanhos, materiais e tipos diferentes deve continuar à disposição dos alunos para que eles montem palavras ou frases livremente.

Réguas com letras, carimbos, máquinas de escrever ou cartas com letras serão materiais didáticos interessantes neste nível. O uso de dois tipos de letras continua também sendo aconselhável.

1. Entrega do alfabeto-diploma

Quando vários alunos já estão silábicos, costumamos fazer a entrega solene de uma folha com todo o alfabeto em dois tipos de letra para cada criança. Trata-se de um presente – diploma que o professor dá a cada aluno como sinal do seu progresso na alfabetização.

Com a entrega do alfabeto, queremos dar ao aluno uma visão completa de todas as letras com as quais ele vem trabalhando. Uma visão de forma organizada, isto é, todas espacialmente reunidas e na ordem privilegiada pela seriação corrente. Por outro lado, aparecem juntos os dois tipos de letras que estamos usando em aula.

2. Atividades com alfabetos escritos

Ao entregar a folha com o alfabeto, já estão na parede da sala de aula todas as letras ordenadas escritas em folhas grandes. É possível e desejável fazer uma correlação entre os dois conjuntos, mostrando sucessivamente algumas letras na parede e pedindo aos alunos que as identifiquem nas suas folhas. Pedir aos alunos que mostrem as letras do seu nome.

É interessante criar para cada classe de alunos um conjunto de palavras, especialmente de nomes próprios, cujas iniciais cubram todo o alfabeto. Isto feito, os alunos costumam se referir ao J como a letra do Joel, ao M como a letra do Marcelo etc. Isto poderá constituir, no nível silábico, uma fonte de informações sobre o som das letras.

Uma atividade complementar é o uso de um caderninho dicionário em que cada página contenha uma letra e um espaço em branco, para que sejam desenhadas ou coladas figuras, ou escritas coisas que comecem por essa letra.

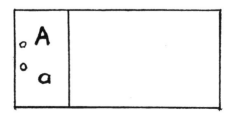

O caderninho pode ser apresentado parcialmente até que se juntem todas as letras e se complete o dicionário inteiro. A primeira página contém os dizeres: MEU DICIONÁRIO
NOME:

3. Ficha para completar os alfabetos correlacionando os dois tipos de letras

Na ficha que segue, olhe e complete o que falta abaixo

A	B	C	D	E	F	G	H	I	J
a	b	c	d	e	f	g	h	i	j
L	M	N	O	P	Q	R	S	T	U
l	m	n	o	p	q	r	s	t	u
V	X	Z							
v	x	z							
A		C	D				H	I	
	b			e	f	g			j
L	M		O	P		R			U
		n			q		s	t	
V		Z							
	x								

4. Bingo de letras isoladas

Nesta modalidade de bingo, distribuem-se os cartões com letras, um para cada aluno ou por grupos de alunos. Cantam-se letras isoladas, retiradas de uma sacola ou caixa. Para os alunos do nível silábico, é importante que, antes de mostrar as letras, seja dito o seu nome com clareza. O nome de cada letra encerra o seu som, exceção feita ao H, G e C quando serão usados com "a", "o" e "u".

Cartões com letras para bingo

A	B	C	D	E
B	C	D	E	F
C	D	E	F	G
D	E	F	G	H
E	F	G	H	I
F	G	H	I	J
G	H	I	J	L
H	I	J	L	M
I	J	L	M	N
J	L	M	N	O
L	M	N	O	P
M	N	O	P	Q
N	O	P	Q	R
O	P	Q	R	S
P	Q	R	S	T
Q	R	S	T	U
R	S	T	U	V
S	T	U	V	X
T	U	V	X	Z
U	V	X	Z	A
V	X	Z	A	B
X	Z	A	B	C
Z	A	B	C	D

Nota: Cada um dos cartões difere dos demais, no mínimo por uma letra, o que caracteriza cartões de jogo de bingo. Como são só 23 cartões, outros serão necessários para turmas com número de alunos superior a 23. Para tal, basta, por exemplo, substituir, a partir do segundo cartão, a primeira letra pela letra A. Com efeito, as combinações das 23 letras do alfabeto, 5 a 5, são muito numerosas.

5. Bingo de iniciais de palavras

Distribuídos os cartões com letras, individualmente ou por grupos de alunos, usam-se palavras para a marcação das letras, mas considera-se a inicial das palavras como os elementos do jogo nesta modalidade de bingo. As palavras usadas neste bingo podem ser as que figuram nos peixinhos da atividade da pescaria com geladeira (ou suas frutas, conforme sugestão 6, a seguir), porque elas, certamente, correspondem ao universo dos alunos, uma vez que foram selecionadas a partir da pesquisa sobre o universo vocabular de cada classe.

Em vez de palavras, podem-se usar objetos, os quais, sendo mostrados sucessivamente, são nomeados a fim de que seja marcada com um feijãozinho, na cartela, a sua primeira letra.

Quando mostrado "macaco", por exemplo, alunos podem assinalar a letra A como sendo a inicial desta palavra.

6. Colhendo frutas para guardar na geladeira

Uma nova versão do jogo dos peixes pode ser montada com frutas, isto é, em cada fruta (maçã, laranja etc.) desenha-se um objeto, escrevendo ao lado sua inicial. As frutas são penduradas numa árvore e devem ser colhidas, não diretamente com a mão, mas com uma haste munida de um gancho para dar mais interesse à atividade, por meio desta exigência de habilidade motora.

Após a colheita, as frutas devem ser colocadas numa geladeira com prateleiras etiquetadas com as letras do alfabeto.

A escolha dos desenhos para as frutas deve resultar de uma pesquisa vocabular em que se identifiquem os objetos mais significativos iniciados por todas as letras do alfabeto.

Em uma de nossas classes de alfabetização, resultou a seguinte lista:

A	–	árvore	N	–	nenê
B	–	bola e bicicleta	O	–	ônibus
C	–	casa	P	–	porco
D	–	dado	Q	–	quadro
E	–	escada	R	–	roda
F	–	flor	S	–	sol
G	–	gato	T	–	televisão
H	–	homem	U	–	uva
I	–	igreja	V	–	vila
J	–	janela	X	–	xícara
L	–	lápis	Z	–	zebra
M	–	martelo			

A título de exemplo, reproduzimos a laranja para a letra A.

Os textos no nível silábico

Neste nível, as leituras devem ser preferencialmente de textos já previamente memorizados, como letras de músicas conhecidas, enredos de brincadeiras infantis ou histórias inventadas pelo próprio aluno, de modo que ele possa acompanhar o texto escrito, tendo a pronúncia do seu conteúdo à sua disposição imediata.

No nível silábico, o aluno já terá condições de estabelecer certa correspondência da primeira letra de uma frase com a pronúncia que lhe está associada, e pode ser solicitada a identificação das frases escritas pelo seu correspondente oral. O professor, podendo contar com a aquisição pelo aluno da vinculação "escrita-pronúncia", pode propor exploração do texto diferentemente do que ocorria nos níveis pré-silábicos. Pode pedir-lhe que copie ou assinale as palavras que começam como macaco, por exemplo, porque pode-se já aproveitar a aproximação que passou a ter a primeira letra de uma palavra com o som de sua primeira sílaba. Por outro lado, no nível silábico tudo o que se pronuncia começa a ser concebido como escrito, contrariamente aos níveis pré-silábicos, em que verbos e palavras muito pequenas, como os artigos e preposições, não se julgava que fossem escritos. Vale a pena, por isso, explorar de forma explícita a presença das palavras num texto, analisando suas características (a inicial, o número de letras, a sua ordenação etc.).

É importante que o professor considere a diferença de recurso cognitivo de que dispõe um aluno silábico de um pré-silábico, quando propõe, mesmo que em conjunto para alunos nos dois níveis, uma atividade de exploração de texto ou também de palavras. Os silábicos se movimentam num espaço cognitivo que os distingue fundamentalmente dos pré-silábicos, guardando, no entanto, uma certa aproximação com os alfabéticos, se existirem na classe.

DESMEMBRAMENTO ORAL DE PALAVRAS

1. *Análise oral do número de sílabas* (as quais podem ser chamadas inicialmente de pedacinhos de palavra)

Propicia-se esta análise pela pronúncia pausada de palavras, solicitando-se aos alunos que contem os pedacinhos em cada uma delas. Pode-se pedir-lhes que cada um encontre uma palavra com 2, 3, 4 pedacinhos, ou que procurem palavras com muitos pedacinhos, fazendo o jogo de quem diz a palavra com mais sílabas.

2. Troca oral do lugar das sílabas nas palavras

Esta atividade consiste em pronunciar palavras com suas sílabas trocadas de lugar, para que os ouvintes as reconstituam. Por exemplo:

lapane   panela
mecialan   melancia

Na distribuição dos crachás, pode-se utilizar a troca de lugar de sílabas de cada nome como forma desafiante de identificá-los.

3. Lá vai uma barquinha carregada de...

Este jogo é conhecido em nosso meio como aquele em que alguém propõe: "Lá vai uma barquinha carregada de bolacha".

O seguinte deve continuar, dizendo: "Lá vai uma barquinha carregada de bolacha e de boneca". O seguinte deve acrescentar mais uma palavra iniciada por 'bo', depois de citar as duas primeiras, assim: "Lá vai uma barquinha carregada de bolacha, boneca e bolita".

Poder-se-ia continuar com: bode, bochecha, bodega, bodoque, bofetada, boi, bola, bolo, bomba, bolsa, boia, bolota...

DIDÁTICA DO NÍVEL SILÁBICO

Quadro-resumo

Palavras	Ênfase sobre a análise da primeira letra no contexto da primeira sílaba. Contraste entre palavras memorizadas globalmente e a hipótese silábica: contagem do número de letras, desmembramento oral de sílabas e hipóteses de repartição de palavras escritas.
Letras	Reconhecimento do som das letras pela análise da primeira sílaba de palavras. Prosseguimento do estudo das formas e da posição das letras em seus dois tipos – cursivo e maiúscula de imprensa.
Textos	Uso preferencial de textos cujo conteúdo já está memorizado de antemão, para leitura. Proposição de localização de qualquer palavra no texto, incluindo verbos e partículas pequenas como artigos, preposições etc.

Nota importante: O professor deve abrir espaço para a escrita silábica dos alunos neste nível, sem identificá-la como errada, mas criando situações em que o questionamento de suas produções venha a se impor a eles logicamente.

Este modo de alfabetizar foi à Londres

A proposta do Geempa passa pelo crivo da comunidade científica internacional

Alfabetização de crianças de classes populares no Brasil*

O problema

O maior problema educacional do Brasil é o insucesso da alfabetização entre alunos de classes populares. As porcentagens globais de aprovação à 2.ª série, incluindo crianças pobres e ricas, giram em torno de 50%. Entretanto, este insucesso se concentra nas classes populares, atingindo taxas ao redor de 70%.

As causas que costumam ser apontadas para explicar o insucesso são a desnutrição, a restrição do código linguístico, carências socioafetivas e desenvolvimento lógico defasado em relação ao das crianças de classes alta e média.

Desde 1979, o Geempa vem estudando o problema com uma equipe interdisciplinar de especialistas, e chega a constatações diferentes das que foram apontadas acima. Crianças que foram desnutridas nos dois primeiros anos de vida não atingem realmente a idade escolar, porque a desnutrição reduz suas de-

---

*   Este texto teve sua origem no XI Congresso Internacional de Leitura, em Londres, de 27 a 31 de julho de 1986, e faz parte do livro *How Children Construct Literacy*, cujo editor é *Yetta M. Goodman, 1990, London.*

fesas orgânicas e, em consequência disso, elas morrem antes dos seis ou sete anos. Portanto, é incorreto responsabilizar a desnutrição pelo insucesso escolar de crianças de classes populares.

As causas do problema

Descartada a desnutrição como uma das causas que levam as crianças de classes populares, no Brasil, a não se alfabetizar no primeiro ano letivo na escola, devemos analisar as outras justificativas dadas para o problema. A este respeito, as conclusões a que chegou o Geempa são surpreendentes, como mostraremos a seguir.

Em Porto Alegre, as investigações do Geempa levaram em conta o desempenho das crianças observadas durante períodos normais de aula, assim como durante entrevistas clínicas de aplicações de provas piagetianas, em especial a prova do transvasamento de líquido. Enquanto seus desempenhos eram muito bons em situações de sala de aula, as crianças de classes populares tinham resultados muito pobres, nas provas em entrevistas clínicas, em comparação com crianças de classes alta e média.

Os resultados foram muito inferiores aos obtidos por Emilia Ferreiro, em Genebra, com um grupo de crianças da mesma idade. Eles nos levavam a reafirmar uma grande diferença de desenvolvimento lógico entre crianças de classes alta e média por um lado e crianças de classes populares por outro. Entretanto, impressionava-nos muito que essas mesmas crianças de classes populares tinham um desempenho muito melhor em situações de sala de aula que comportassem tarefas similares às das provas. Analisando tal diferença, encontramos dois fatores importantes que tinham uma influência negativa sobre crianças de classes populares na aplicação da referida prova:

1. a novidade de estar sozinho com um adulto, no caso, o experimentador;

2. o uso de água colorida e os tipos de recipientes usados.

Quatro pesquisadores administraram a prova simultaneamente na escola. Surpreendemo-nos com o fato de que um grande número de crianças da amostra apresentou-se para fazer a prova com vários dos quatro experimentadores, no lugar de tê-la feito com um só. Mais tarde, compreendemos o que aconteceu, depois de perguntar às crianças:

"Por que vocês fizeram a prova com várias pessoas? Vocês não viram que se tratava da mesma coisa?".

Todas elas responderam que "era joia trabalhar com aqueles moços, porque era muito bom estar sozinho conversando com um adulto enquanto jogavam com água".

A respeito da água colorida e dos tipos de recipientes, quando ouvimos as gravações feitas durante as aplicações das provas, surpreendemo-nos também com o grande número de comentários das crianças, a respeito da cor da água e da qualidade dos recipientes que usamos. Referindo-se à água colorida, elas diziam:

"Esta água vermelha é Q-Suco?"

"Nós vamos bebê-la no final do trabalho?"

"Que cor linda tem esta água!".

Seus comentários sobre o tipo de recipiente foram:

"Que copos bonitos! Nós não temos deste tipo em casa. Aqui na vila (forma gaúcha de falar de favela) nós temos só coisas de matéria plástica!".

Devido aos dois fatores intervenientes mencionados, decidimos modificar as entrevistas clínicas, como veremos a seguir.

1. Antes das entrevistas, os pesquisadores que as conduziriam tinham contatos onde conversavam privadamente com as crianças na escola. É interessante assinalar que, nas vilas em que trabalhamos, as casas são muito pequenas; normalmente elas são constituídas de somente duas peças e, em média, seis pessoas moram em cada casa, o que naturalmente torna difícil conversas particulares de um adulto com uma criança.

2. Usamos água comum em vez de água colorida e substituímos os recipientes de vidro, que não eram familiares às crianças da vila, por outros de plástico, com os quais elas estavam habituadas (potes de geleia de frutas, mamadeiras, pequenos potes de tempero etc.).

Com tais modificações, os resultados obtidos pelas crianças de classes populares em provas de avaliação cognitiva foram sistematicamente melhores que antes, levando-nos à conclusão de que o desempenho das crianças de classes populares não se situa aquém de crianças de classes alta e média, o que nos fez buscar outras justificativas para os seus insucessos na escola.

Dois pontos parecem essenciais para explicar o insucesso.

Primeiro, crianças de classes populares se percebem e são percebidas como incapazes de enfrentar adequadamente as exigências da escola. Por exemplo, os seus pais frequentemente dizem: "Meus filhos puxaram por mim. Eu não sou bom de cabeça. Passei três anos no colégio e não consegui aprender a ler". "Meu filho é fraco da ideia. Eu não espero que ele vá passar de ano na escola."

Nos peixinhos, há desenhos de objetos significativos para cada classe de alunos. Depois de pescá-los, guarda-se no *freezer*, onde cada subdivisão tem uma letra do alfabeto. Cada peixe deve ser colocado de acordo com a inicial do objeto desenhado.

Esse estigma da incapacidade é fruto da internalização da experiência repetida de insucesso escolar de uma grande maioria da população das periferias urbanas, desde que a escola democratizou apenas o acesso às classes populares.

Em segundo lugar, crianças de classes populares são perfeitamente aptas à alfabetização, porém a bagagem que elas trazem de suas casas sobre o sistema de escrita é muito menor do que a que trazem as crianças de classes alta e média. Os estudos de Emilia Ferreiro foram de grande valia para a nossa compreensão do problema do insucesso escolar das crianças de classes populares, porque mostrou que elas começam o processo de alfabetização muito antes de entrar na escola ou de ter uma professora na sua frente. Ela evidenciou uma grande defasagem em crianças não submetidas a uma forte dieta de experiências com livros e materiais escritos e com atos de leitura e de escrita, o que acontece de fato com crianças de classes populares, comparativamente a crianças de classes alta e média. Disto resulta que aquelas crianças, quando começam o 1º ano do Ensino Fundamental, estão no início da psicogênese da alfabetização; elas costumam estar nos níveis pré-silábicos (ou logográficos), enquanto a maioria das crianças de classes alta e média estão já nos níveis de fonetização, compreendendo a segmentação da palavra escrita e relacionando-a com a pronúncia.

Sempre que possível, propomos as atividades de aula em forma de jogo. As cinco crianças do grupo jogam dominó. É uma importante atividade didática sob diversos pontos de vista. Em primeiro lugar, aproxima a escola da vila, uma vez que os jogos de dominó estão presentes nas vilas. Os jogos exigem não só a compreensão das suas regras, como a sua observância, o que implica aprendizagem tanto cognitiva como socioafetiva. Entre estas, cumpre relevante papel saber ganhar e perder.

Proposta do Geempa

Conscientes desses fatos, era imperioso criar uma nova proposta didática para alfabetizar crianças de classes populares, uma vez que as propostas do ensino covencional não levam em conta essa realidade, visto que foram criadas para crianças de classes alta e média.

Durante os últimos anos, o Geempa tem trabalhado nesse sentido, em contato permanente com escolas de crianças da periferia urbana de Porto Alegre e de outras cidades do Brasil, na pesquisa de uma solução para o problema.

A proposta didática que o Geempa vem experimentando em classes regulares do sistema educacional brasileiro mostra uma aplicação eficaz dos estudos de Emilia Ferreiro à pedagogia e pode representar uma alternativa para a proposta convencionalmente usada. Estamos sendo capazes de alfabetizar, em um ano letivo, mais de 90% dos alunos pertencentes a classes em que se aplica a proposta do Geempa, espalhadas por muitos recantos do Brasil, a saber: Porto Alegre, Pelotas, Ji-Paraná (Rondônia), Garças e Campinas (São Paulo), Cuiabá, Cachoeira do Sul, Cuiabá (MT), Londrina (PR), 30 municípios do Ceará, Guaribas, Acauan e São Raimundo Nonato (PI), São José do Rio Preto e São Paulo (SP), Resende (RJ) etc.

A ideia principal da proposta didática do Geempa é de dar oportunidade às crianças de classes populares dentro da escola, desde os primeiros dias de aula, de ter contato com todo tipo de material escrito, assim como com atos de leitura e de escrita, de maneira similar àquela que as crianças de classes alta e média têm em suas casas, desde pequeninhas até atingirem o momento de entrar na escola.

Não se trata somente de oferecer um ambiente rico de atos e materiais de leitura e de escrita, esperando que cada aluno faça, por sua conta, as reflexões necessárias para construir o sistema de escrita. Com efeito, fazemos uma programação de intervenção o mais científica possível no processo que vivenciam os alunos.

Trabalha-se simultaneamente com letras, palavras e textos, desde o início do ano letivo, mas as atividades em torno destes três eixos não são estanques entre si. Ao contrário, entre elas há muitas inter-relações, e somente para fins descritivos vamos tomá-las separadamente.

Atividades com textos

A leitura de histórias infantis é um contato essencial com textos escritos. Elas encerram um interesse particular para as crianças e envolvem elementos fecundos para a sua iniciação sobre o que é ler e escrever.

As histórias são, por excelência, forjadoras de imagens mentais. As imagens mentais se representam no papel por desenhos. Por sua vez, a partir de um desenho se pode criar uma história. Com isto, se fecha o ciclo abaixo:

Estabelece-se, portanto, um jogo entre desenho, imagens perceptivas e motoras, escrita e fala, que promove uma dinâmica em direção à vinculação entre o discurso oral e o texto escrito, condição necessária à aquisição da lecto-escrita.

As atividades em sala de aula são encadeadas de modo a produzir essa dinâmica da passagem de um dos quadros ao outro: ler histórias acompanhadas por figuras ou não, propiciar ocasião para desenhar após a leitura, escrever coletivamente um texto reduzido sobre a história, a partir do qual são organizadas outras atividades em aula.

Apresentamos a seguir o texto que foi produzido numa classe experimental, após a leitura da história de "João e Maria", seguida da produção de desenhos. A partir do texto, foram organizadas e propostas as fichas que seguem. Elas se destinam diversificadamente a alunos nos diferentes níveis, conforme os comentários que as acompanham.

Ficha A

JOÃO E MARIA

UM DIA JOÃO E MARIA FORAM PARA FLORESTA CORTAR LENHA COM O PAI E A MÃE.

'A NOITE JOÃO E MARIA SE PERDERAM.

AÍ ELES COMEÇARAM A CHORAR E ENCONTRARAM UMA CASA NO MEIO DA FLORESTA.

A CASA ERA TODA DE DOCES, CHOCALATE E BISCOITOS.

A BRUXA, QUE MORAVA NA CASA, OUVIU UM BARULHO E PERGUNTOU:

— QUEM É QUE ESTÁ COMENDO A MINHA CASINHA?

A BRUXA ABRIU A PORTA E CONVIDOU OS DOIS PARA ENTRAR. PRENDEU O JOÃO NUMA JAULA E BOTOU A MARIA A FAZER O SERVIÇO DA CASA.

QUANDO ELA ACHOU QUE JOÃO ESTAVA GORDINHO, PREPAROU O CALDEIRÃO. E NA HORA DE COLOCAR JOÃO NA PANELA MARIA COLOCOU O PÉ NA FRENTE DA BRUXA, ELA CAIU E OS DOIS DERAM NO PÉ.

CORRERAM... CORRERAM E ENCONTRARAM O PAI E A MÃE NA FLORESTA.

E DAÍ VOLTARAM PARA CASA.

Ficha B

João e Maria

Um dia João e Maria foram para floresta cortar lenha com o pai e a mãe.

À noite João e Maria se perderam.

Aí eles começaram a chorar e encontraram uma casa no meio da floresta. A casa era toda de doces, chocolate e biscoitos.

A bruxa, que morava na casa, ouviu um barulho e perguntou:

— Quem é que está comendo a minha casinha?

A bruxa abriu a porta e convidou os dois para entrar. Prendeu o João numa jaula e Maria a fazer o serviço da casa.

Quando ela achou que João estava gordinho, preparou o caldeirão. E na hora de colocar João na panela Maria colocou o pé na frente da bruxa ela caiu e os dois deram no pé.

Correram... correram e encontraram o pai e a mãe na floresta.

E daí voltaram para casa.

A partir da leitura da história foi elaborado o texto precedente (em conjunto, na sala de aula). Ele é reapresentado aos alunos em cartazes e em folhas policopiadas, nos dois tipos de letras que são as mais usuais no contato das crianças de classes populares com a escrita: a maiúscula de imprensa e a cursiva.

O uso de dois tipos de letras facilita a compreensão da criança do aspecto representativo da escrita, exatamente por serem usados dois tipos de letras. O uso simultâneo dos dois tipos concretiza o fato de que os símbolos podem ser múltiplos, enquanto que aquilo que é simbolizado é sempre único. Uma pessoa pode ser fotografada em várias situações diferentes e uma mesma foto pode ser reproduzida várias vezes, enquanto a pessoa fotografada é uma só. Uma pessoa pode ser identificada pelo seu prenome, por apelidos ou por nome e sobrenome, enquanto ela é uma só pessoa. A experiência simultânea com dois significantes s de um mesmo significado, S, em vez de dificultar a correspondência $S - s$, dá flexibilidade às relações que vinculam o discurso oral com o texto escrito. É esta a experiência que costumam ter crianças das classes alta e média quando convivem, em suas casas, com materiais e atos de leitura e escrita, muitos anos antes de ingressarem em uma classe de alfabetização.

Muitas atividades são propostas usando-se alfabetos móveis dos mais diferentes tamanhos, confeccionados com matérias-primas variadas (madeira, plástico, lixa, papelão etc.).

A proposta do Geempa prevê o enriquecimento de experiências com materiais e atos de leitura e escrita, entre essas, a leitura de muitas histórias infantis. Nesta foto, vê-se a professora cercada bem de perto pelos seus alunos, atentos, à leitura da *Pomba Colomba*.

Vê-se aqui toda a classe de alunos trabalhando com uma "máquina" que se alimenta com as letras da palavra Geempa. A cada letra que entra na máquina, alguém faz sair a letra que lhe segue na palavra Geempa. Muitas outras formas de funcionamento de tal "máquina" podem ser inventadas ou propostas aos alunos.

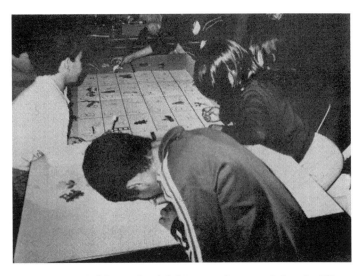

Numa grande folha quadriculada há um quadro para cada letra do alfabeto. Os alunos colocam em cada quadro os objetos cujos nomes iniciam pela letra correspondente.

A ficha didática C trabalha os seguintes aspectos da escrita:
– a vinculação do significado ao significante. O significado aqui tem a forma figurativa do desenho, supondo a passagem intermediária pela fala. Para isto, faz-se necessário que professor e alunos identifiquem os desenhos feitos com as palavras escritas ao lado;
– a qualidade específica de certas letras em cada palavra bem como a especificidade da ordem em que estas figuram nas palavras;
– os dois tipos de letras;
– a habilidade motora de reprodução nos dois tipos de letras.

Ela se destina fundamentalmente a alunos pré-silábicos, podendo também ser útil a alunos silábicos e alfabéticos.

Ela serve a pré-silábicos no sentido em que propõe a diferença entre desenho e escrita, ao mesmo tempo que associa um determinado conjunto de letras, numa ordem também determinada, a um certo significado falado. Pode também ser útil a alunos silábicos na medida em que pode provocar o conflito entre suas escritas de uma só letra para cada sílaba oral e a escrita correta de algumas palavras. Os alfabéticos podem ter oportunidade de refletir sobre a ortografia correta de palavras que são constituídas de sílabas complexas.

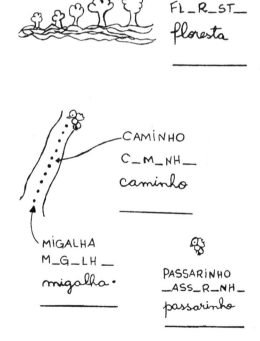

A atividade da ficha D destina-se primordialmente a silábicos se eles têm acesso ao significado dessas palavras, porque os incita a procurar uma outra letra que lhes pareça vinculada com o som da primeira sílaba oral de cada uma delas, diferentemente da vogal.

Tanto a silábicos como a pré-silábicos esta pode ser somente uma atividade gráfica de identificação de forma da primeira letra de cada palavra.

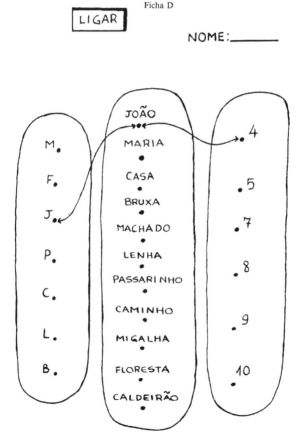

Ficha D

A atividade da ficha E pode ser útil a pré-silábicos, silábicos e alfabéticos com possibilidade diferente de abordagens, as quais variam desde o mero tratamento das letras como unidades gráficas até a análise da natureza de diversas sílabas.

A ficha E, entretanto, serve diretamente a alunos alfabéticos, uma vez que implica a associação de uma sílaba escrita a uma sílaba oral faltante, o que só tem sentido para alunos neste nível.

Ficha E
COMPLETE COM O PEDACINHO QUE FALTA:

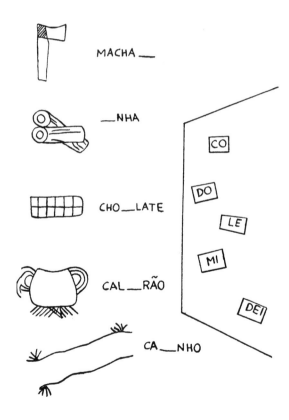

Não só a professora lê para os alunos, mas eles dispõem, em aula, de muitos livros de história para que, manuseando-os, se familiarizem com coisas escritas.

Vista de uma rua da Vila Cruzeiro, onde está localizada uma escola na qual o Geempa tem classes de 1.ª série.

Uma menina da Vila Cruzeiro brincando em frente à sua casa, com seu cachorro, tendo uma flor em uma das mãos. O cultivo de flores em favelas tão pobres revela que ainda resta a estas populações uma boa dose de sensibilidade estética.

O trânsito e a discriminação entre fala – imagens perceptivas e motoras – desenho – escrita requer muitas atividades que as envolvam. Entre elas, são indispensáveis as atividades de expressão gráfica em artes plásticas. Vêem-se na foto as toalhas de mesa de alguns grupos de alunos após terem sido pintadas por eles na hora da merenda.

Vista de algumas casas de alunos da 1.ª série na Vila Maria da Conceição, onde se pode constatar o nível de pobreza material em que vivem os alunos das classes de 1.ª série com as quais trabalhamos.

Na ficha F é abordado outro tipo de unidade gráfica e/ou lingüística – as palavras, como conjunto de letras separadas por um espaçamento material.

Ficha F

CONTAR O NÚMERO DE PALAVRAS DE CADA FRASE:

JOÃO E MARIA ☐

UM DIA JOÃO E MARIA FORAM PARA A FLORESTA. ☐

A NOITE JOÃO E MARIA SE PERDERAM. ☐

AÍ ELES COMEÇARAM A CHORAR E ENCONTRARAM UMA CASA. ☐

A CASA ERA TODA DE DOCES, CHOCOLATE E BISCOITOS. ☐

A BRUXA OUVIU UM BARULHO E PERGUNTOU: ☐

— QUEM É QUE ESTÁ COMENDO A MINHA CASINHA? ☐

A BRUXA PRENDEU O JOÃO NA JAULA. ☐

E BOTOU A MARIA A FAZER O SERVIÇO DE CASA. ☐

QUANDO ELA ACHOU QUE O JOÃO ESTAVA GORDINHO. ☐

PREPAROU O CALDEIRÃO E MARIA DERRUBOU A BRUXA. ☐

E OS DOIS DERAM NO PÉ. ☐

CORRERAM... CORRERAM.. E VOLTARAM PARA CASA. ☐

ATIVIDADES REALIZADAS EM CLASSE EXPERIMENTAL DO GEEMPA NO JARDIM YPU

A partir dos seus desenhos, os alunos contam ou escrevem histórias.

Muitas outras podem ser as origens do trabalho com textos em sala de aula, tais como acontecimentos atuais significativos para uma classe, letras de músicas de sucesso, cartas recebidas ou escritas para enviar etc.

Atividades com palavras

A abordagem da leitura e da escrita de palavras isoladas pode permitir às crianças começarem a ter contato com um aspecto mais preciso do vínculo entre a fala e a escrita. Uma criança a quem se explica: "Aqui está escrito 'boneca'", "Aqui está escrito 'brincando'", ou a quem se escrevem palavras isoladas, recebe a informação de que essa parte do discurso oral – a palavra – é associada a uma escrita específica. Este recorte interessa muito no processo de alfabetização para que o aluno chegue a análises silábicas indispensáveis à compreensão do nosso sistema escrito, desde que ele esteja associado a experiências da criança com a leitura de textos, como explicamos anteriormente.

As palavras participam de um modo particular da mesma problemática exposta sobre os textos, de vínculos entre os quadros, a saber:

Objeto ou fala – imagem mental – desenho – escrita.

A superação dos passos intermediários em que os traços figurativos do ente representado por escrito estão presentes é uma condição necessária para a alfabetização, também com respeito às palavras. Isto é, a redução do esquema acima para somente dois elementos:

fala – escrita.

Enfatizamos que há duas maneiras de os traços figurativos estarem presentes na escrita:

– diretamente, pelo grafismo em desenhos;

–indiretamente, por associação do número de letras ou do seu tamanho a características figurais do ente que é representado.

Isto se dá quando as crianças, não fazendo vinculações entre fala e escrita, pensam a atribuição de letras às palavras a partir de critérios relativos às qualidades do que é representado. Por exemplo, como disse uma menina chamada Lize: "O meu nome tem quatro letras, porque eu sou pequena. O nome da minha mãe deve ter dez e o do meu pai deve ter 15, porque ele é ainda mais velho que mamãe". Ou como respondeu um menino a quem se pediu para decidir com quantas letras se escreve a palavra "pão": "Depende! Se é um pão de um quarto de quilo ou de meio. Porque o de meio quilo tem mais letras".

Ordinariamente, tem que ser buscada a superação desse vínculo dos traços figurativos à escrita, e o uso exclusivo de substantivos concretos no início da alfabetização pode fazer persistir o vínculo. Resulta daí a importância de, nas atividades de leitura e de escrita, serem trabalhados textos e, a partir deles, serem trabalhados substantivos abstratos, adjetivos, verbos, interjeições etc. Isto é, importa trazer ao universo da escrita palavras sem suporte figurativo realista.

Entre as palavras isoladas fora de texto há um conjunto privilegiado a ser trabalhado em aula, a saber, os nomes das pessoas da classe: os alunos e a professora. Elas são indiscutivelmente palavras que podem ser fecundas didaticamente, sobretudo se o entrosamento na sala de aula, dos alunos entre si e com a professora, for bom e rico, e se a dramática associada individualmente ao nome de cada criança não estiver muito comprometida por problemas familiares.

Associam-se a estas condições socioafetivas condições cognitivas para que o trabalho com os nomes de pessoas seja realmente fecundo, porque a cada nível psicogenético deve corresponder um tipo de abordagem.

Para os pré-silábicos 2, palavras escritas não se vinculam com a fala e têm, portanto, somente um interesse gráfico. O principal objetivo didático neste período é o de ajudar a compreender a diferença entre o grafismo figurativo expresso por meio do desenho e o grafismo simbólico expresso por meio da escrita.

Para os silábicos que começam a vincular fala à escrita, vinculações sonoras são exploradas no sentido em que eles as abordam, isto é, o da divisão das palavras em tantas letras quantas sílabas orais elas possuem, sem introduzir sílabas escritas. Estas só são propostas aos alfabéticos.

Com isto enfatizamos que uma mesma atividade pode ter significado diferente conforme o nível dos alunos, porque pode conter um espaço de problemas de diversas complexidades.

Ao trabalhar palavras isoladas, os alunos memorizam a escrita global de muitas delas, e isto é didaticamente muito desejável como suporte para reflexões a respeito da escrita. Essas reflexões conduzem os pré-silábicos à estabilidade da escrita das palavras, ao constatar a constância da qualidade e da ordem das letras nos vocábulos que eles memorizaram, mesmo sem compreender o modo como elas se articulam. Frequentemente, é possível observar que alguns alunos, quando no nível pré-silábico 2, são capazes de reconhecer e até de soletrar diversas palavras. Eles colocam por terra, temporariamente, algumas memorizações globais quando se tornam "silábicos". Passam então a associar uma letra para cada sílaba, negando seu prévio conhecimento global da palavra.

Os alunos de nossas classes experimentais costumam aprender globalmente a reconhecer o nome da professora, de colegas, de personagens de histórias infantis, etc.; enquanto pré-silábicos, chegam a escrever corretamente esses nomes. Alunos présilábicos 2 escreviam perfeitamente ESTHER, MIUDINHO, DINOMIR, GUSTAVO etc. Quando começaram a vincular a escrita com a pronúncia, abandonaram as formas corretas memorizadas e modificaram suas escritas para:

ET (ESTHER)
MUIO ou IOIO ou IUIO (MIUDINHO)
IOI ou DNM (DINOMIR)
GTV (GUSTAVO)

O contraste entre suas escritas silábicas e a persistência do reconhecimento, na leitura, das escritas convencionais dessas palavras conduz a um conflito fecundo para aprendizagem.

Atividades com letras

Elas se fazem primordialmente através do uso de muitos alfabetos, de formas e tamanhos variados, e de diferentes matérias-primas: lixa, madeira, plástico, cartão etc.

O trabalho com alfabetos visa em primeiro lugar a ajudar as crianças a caracterizarem as letras como uma categoria linguística bem definida. Isto não é evidente para crianças no início do processo de alfabetização, em que estão amalgamadas as ideias de letra, sílaba, palavra e frase.

Em segundo lugar, o manuseio desses alfabetos propicia a discriminação dos aspectos espaciais das letras, tanto do ponto de vista topológico, como projetivo ou métrico. Esses aspectos também são trabalhados em folhas de papel, quando se acrescenta a possibilidade de abordar a questão da posição das letras, além de sua forma.

As atividades com letras isoladas visam, por último, a associá-las a sons, enquanto elas podem ser consideradas independentes de palavras ou frases.

Usamos dois tipos de letras simultaneamente – as de imprensa e as cursivas – porque a passagem de um tipo para outro tem um papel importante na dinâmica da aprendizagem, uma vez que esta não se dá pela fixação de impressões cuidadosamente preparadas exteriormente, mas por força de uma ação dinâmica de quem aprende.

A implementação de um rico ambiente de materiais escritos na sala de aula é feita sempre que possível na forma de jogos. *Crachás com os nomes dos alunos* é um dos materiais disponíveis, e servem para diversas atividades.

Cada classe e cada aluno constroem um *tesouro*, que consiste num conjunto de palavras que são selecionadas por eles de acordo com o valor de significância que eles atribuem a essas palavras. Elas são utilizadas didaticamente de vários modos. *Dicionários* são feitos usando desenhos de objetos ou palavras para cada letra do alfabeto.

A apresentação de todos estes materiais e a proposição de atividades com eles se destinam aos alunos durante todo o processo, mas sempre ajustando-os às características de cada nível.

Dois estágios para os níveis pré-silábicos

Antes de explicar o que parece ser essencial para produzir progresso na psicogênese da alfabetização, gostaríamos de mencionar brevemente os dois tipos de organização mental que presidem os períodos pré-silábicos com respeito à leitura e à escrita. No primeiro tipo de organização, a criança só entende a leitura de desenhos ou de desenhos com letras próximas a eles. Seu sistema de escrita é ainda misturado com a expressão gráfica, em que aspectos figurativos são essenciais. Esta organização caracteriza o nível pré-silábico 1 (PS1).

Letras grandes de madeira estão disponíveis aos alunos como uma modalidade de enriquecimento do ambiente com materiais vinculados à escrita.

Quando a criança compreende que somente com letras é possível escrever, dizemos que ela está no nível pré-silábico 2. Neste, outra categoria de aspectos a respeito da leitura e da escrita aparece. A criança está agora trabalhando com um signo gráfico desvinculado do que ele representa figurativamente.

Fazemos esta distinção entre PS1 e PS2 porque verificamos em nossas salas de aula, em periferias urbanas no Brasil, que, no momento de entrar na escola, 12% das crianças escrevem com desenhos.

Seguem-se alguns exemplos de produções desses alunos.

Pode-se supor que, para Bianca, não seria fácil abandonar sua escrita por meio de desenhos diante da riqueza deles. Escrever com letras seria, do ponto de vista estético, um empobrecimento significativo. Este poderia ser um dos ingredientes do seu conflito de passagem do PS1 para o PS2.

José Carlos e Everton, na página seguinte, escreveram as palavras com desenhos, mas escreveram a frase com um traçado que se assemelha à escrita convencional, o que significa já um avanço. A aplicação da tarefa da aula-entrevista da escrita de 4 palavras e uma frase com Everton seguiu a orientação de escolher as palavras e constituir a frase a partir de um bate-papo com ele. Neste bate-papo, ele afirmou que gostava muito do marinheiro Popeye e que gostava de jogar bola e brincar de carrinho. Em função disso, lhe foi pedido para escrever "bola", "carrinho" e "marinheiro", assim como "o Everton gosta do marinheiro". A palavra monossilábica, que, via de regra, é a mais difícil de ser escolhida, o professor julgou não ser necessária, uma vez que ele escreveu as outras três palavras com desenhos. Por outro lado, em sua frase ele usou um símbolo gráfico para cada palavra, o que já aponta para uma vinculação incipiente da pronúncia com a escrita. Observe-se também que Everton, na frase, não manteve a *performance* da escrita do seu nome, com várias letras para uma palavra isolada.

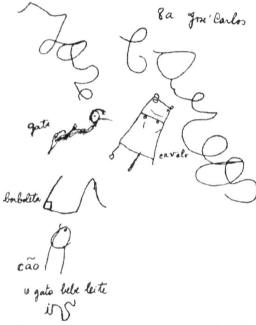

Para algumas crianças que escrevem com desenhos, a pergunta sobre quantas letras se usa na palavra "x" não tem nenhum sentido. No entanto, para outras, como Rita de Cássia, a pergunta recebe resposta com certa vinculação com o número de sílabas orais. Vê-se que esta referência às sílabas orais não significa avanço na psicogênese da escrita, pois ela ainda é bem primitiva nesta área, desenhando inclusive a frase "a menina cuida do nenê". Isto reafirma a ideia concretizada na metáfora de que o processo de alfabetização é como uma árvore que possui vários eixos. O eixo da escrita guarda certa independência da leitura, e vice-versa. Também a prova de Rita de Cássia seguiu-se a uma conversa informal com ela.

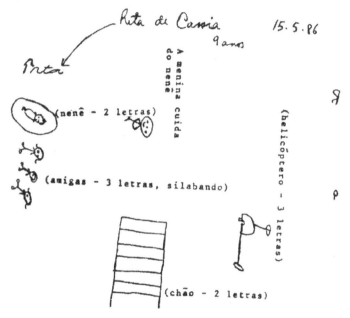

As idades dos sujeitos submetidos a essa tarefa, cujos desempenhos aparecem aqui, oscilam entre 5 anos e 6 meses e 12 anos e 1 mês, o que evidencia que a superação deste nível do processo de alfabetização não depende da idade, mas sim das experiências vividas por eles com o mundo da escrita, o que pode ser constatado relativamente a esses alunos.

Marcelo, com seus 12 anos, ao desenhar a frase "eu brinco de esconder com meus primos", explicou que sem a casa eles não podiam se esconder.

Vê-se que, mesmo escrevendo com desenhos as quatro palavras da tarefa, todos estes sujeitos já escreviam seus próprios nomes com letras, o que mostra a defasagem no processo, de acordo com a unidade linguística e o conteúdo a escrever.

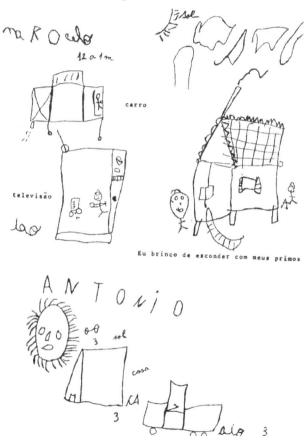

Antônio apresenta um desempenho silábico, mas fez um desenho relativo a cada uma das quatro palavras, porque gostava de desenhar. É importante não caracterizar um desempenho como do nível pré-silábico 1 só porque aparece desenho, como é o caso de Antônio.

A APLICAÇÃO PERIÓDICA DE UMA AULA-ENTREVISTA

As constatações sobre crianças que escrevem com desenhos foram feitas a partir da aplicação de uma forma adaptada da prova da escrita de quatro palavras e uma frase, elaborada por Emilia Ferreiro, com alunos de classes de alfabetização.

Usamos esta tarefa para ajudar os professores na organização de atividades escolares, a partir do nível de aprendizagem de cada aluno.

A aplicação dessa tarefa, neste caso, tem um objetivo diferente daquele que se tem nos estudos psicológicos cognitivos. Didaticamente, os dados obtidos por este meio constituem uma pequena parte das informações a respeito dos alunos e servem para complementar os conhecimentos sobre as competências cognitivas na alfabetização de cada um deles.

Neste sentido, a escolha das palavras propostas para cada criança é diferente daquela que se faz em estudos de natureza cognitiva. Tenta-se ligar tais palavras a experiências significativas de cada aluno. Para isto, as palavras são determinadas depois de um bate-papo com o aluno a respeito do que ele gosta de brincar, do que ele costuma fazer em casa.

Pede-se então que a criança escreva as palavras escolhidas. Normalmente, eles dizem que não sabem escrever, mas podem fazê-lo desenhando. Descrevemos, a seguir, um diálogo ocorrido entre experimentador e aluno.

Experimentador: "Escreve boneca".

Aluno: "Eu não sei escrever".

Experimentador: "Mas todo mundo sabe escrever um pouco. Escreve como tu achas que é".

Aluno: "Então eu vou desenhar".

A ideia de que se escreve inicialmente com desenho foi expressa numa classe experimental de Porto Alegre, também fora da situação de teste. Um aluno disse a outro:

"Desenhar é muito importante na 1.ª série, porque nós começamos a escrever desenhando".

O livro infantil *A História das Letras,* de André Luiz Teixeira, (Editora Expressão), 1986, expressa muito bem essa realidade.

Níveis e conflitos de passagem

Além da subdivisão dos níveis pré-silábicos em dois, que acabamos de expor, encontramos comportamentos dos alunos que põem em evidência a existência de conflitos de passagem entre um nível e outro.

Um conflito (cp1) entre o pré-silábico 1 (PS1) e o pré-silábico 2 (PS2), um outro entre o pré-silábico 2 (PS2) e o silábico (S) denominado de conflito 2 (cp2), e um conflito 3 (cp3) entre os níveis silábico e alfabético. Veja-se a sequência dos níveis no esquema abaixo.

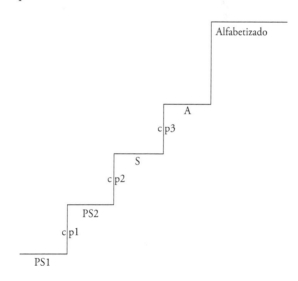

Os comportamentos dos momentos de conflito de passagem se caracterizam pela tomada de consciência de uma incompetência para solucionar os problemas vividos na construção do sistema de escrita. Trata-se de obstáculos com os quais o sujeito se defronta no seu processo de alfabetização. Aliás, esses obstáculos são fecundos no processo de aprendizagem. Claparède afirmou que "a consciência nasce do obstáculo". Diremos agora: o progresso cognitivo se alimenta periodicamente do obstáculo.

Um obstáculo central para que o aluno não permaneça no nível pré-silábico 1 (PS1) é a dificuldade para desenhar uma pessoa particular, mais genericamente, um ente cuja representação escrita é um substantivo próprio. Esta dificuldade propicia substituição do desenho por uma palavra escrita. A palavra escrita aparece, nesses casos, como uma solução para representar inequivocamente um elemento individualizado de uma certa classe: o seu cachorro, tal pessoa etc.

O nome escrito da criança ou de outrem representa, neste momento, uma forma de substituir um desenho por um conjunto de letras. A generalização deste procedimento caracteriza a postura dos sujeitos no nível pré-silábico 2 (PS2). Um sujeito no nível pré-silábico 2, ao substituir desenhos por letras, pode pensar que quaisquer sinais gráficos ou conjunto de letras representam não importa qual palavra. Neste nível, portanto, a atenção da criança volta-se para as letras. Ela constrói hipóteses a respeito e, se dispuser de um contexto didático favorável,* é capaz de memorizar como se escreve de forma convencional um certo número de palavras, conforme já mencionamos antes. Ela memoriza a sequência global de letras, mas ainda não entende como essas letras se articulam em sílabas. A memoriza-

---

* Entendemos por contexto didático favorável aquele em que os elementos do objeto ensino-aprendizagem visado estão disponíveis à reflexão e à elaboração de hipóteses pelos alunos.

ção da escrita de algumas palavras pode levar a criança a dar-se conta de que há uma univocidade e estabilidade na escrita das palavras. Porém, ela se pergunta como estabelecer esta univocidade e estabilidade para palavras que ela não memorizou (cp2). Este é o conflito de base que a levará à hipótese silábica, porque o modo como ela resolve o problema é pela associação de uma letra para cada segmento da palavra oral.

Fazendo isso, escrever qualquer palavra torna-se temporariamente possível. Um novo conflito se instala quando a criança se dá conta de que lhe é possível escrever qualquer palavra, porém, não lhe é possível lê-las. Também não lhe é possível ler as escritas convencionais, porque para este sujeito parece haver nelas um excesso de letras. É esta impossibilidade de ler o que está escrito que força a criança a entrar na escrita alfabética (cp3).

Acabamos de descrever a passagem entre os níveis de complexidade genética, isto é, a natureza do conflito que determina esta passagem. Acrescentamos a esta descrição a interferência da interação social na produção desses conflitos.

Interação social e progresso dos alunos

Os obstáculos que promovem a passagem de um nível para outro surgem de uma necessidade social baseada no desejo de que outros compreendam o que foi escrito. Quando um sujeito desenha a si mesmo ou a outra pessoa de modo imperfeito – para ele o desenho é claro, porque ele sabe quem quis desenhar – a não identificação por parte de outras pessoas é que inaugura o conflito da passagem do nível pré-silábico 1 para o nível pré-silábico 2.

O mesmo ocorre quando a criança, estando no nível présilábico 2, escreve palavras que não são decodificadas pelos outros. Isto a conduz a tentar construir um critério socializável de escrita, fazendo uso dos conhecimentos já adquiridos de que oralmente as palavras são constituídas de segmentos sonoros (as sílabas orais). Ela estabelece uma relação quantitativa associando, inicialmente, a pronúncia de cada sílaba oral a uma letra escrita.

A seguir, será novamente o fator social que produzirá o conflito de passagem do nível silábico para o alfabético. O sujeito sabe o que significa o conjunto de letras que ele escreveu, mas o conjunto não pode ser identificado por outras pessoas. Em conclusão, dizemos que a construção deste objeto social – o sistema de nossa língua escrita – se faz possível quando há interação social para se alfabetizar. A interação é, portanto, um elemento essencial. Em realidade, isto é ainda mais verdadeiro quando trabalhamos com crianças que não podem realizar esta interação por meio da escrita em suas casas, devido à ausência de materiais escritos ou de pessoas que saibam ler e escrever. Por causa disto, compete à escola trabalhar uma intensa interação social dentro da sala de aula, das crianças entre si e das crianças com o professor.

Didática e psicologia cognitiva

Uma das tarefas específicas do Geempa, como um grupo de pesquisa, foi a construção de uma proposta alternativa capaz de fazer face ao enorme problema do insucesso escolar das crianças de classes populares no Brasil. Uma nova proposta didática deve compatibilizar as descobertas no campo da psicologia cognitiva a respeito da alfabetização com a prática do professor em sala de aula. Trata-se de usar instrumentos de investigação científica em um campo específico do conhecimento, que é a didática.

A didática não substitui o professor em sua tarefa inalienável de conduzir de forma única e original o processo ensino-aprendizagem de uma turma específica de alunos. Entretanto, qualquer professor em sua sala de aula necessita e usa, de fato, um conjunto amplo de princípios que embasam sua ação, mesmo que não o faça de forma explícita. Paulo Freire expressa isto em sua afirmação: "Todas as práticas educacionais são uma teoria do conhecimento posta em ação".

Os estudos de Emilia Ferreiro, embasados no construtivismo de Jean Piaget, constituem uma nova teoria do conhecimento para ser posta em ação na sala de aula. Uma mudança de paradigmas cognitivos implica uma mudança na sua aplicação, o que constitui o objeto da didática. Como construir uma nova prática pedagógica à luz destas novas ideias sobre alfabetização?

Acrescente-se às descobertas de Emilia Ferreiro as contribuições de Vygotski, de Wallon, de Gérard Vergnaud e de Sara Pain, e estamos no pós-construtivismo, que embasa a proposta didática do Geempa.

O Geempa tem usado como esquema de pesquisa partir da prática concreta de um número significativo de professoras conhecedoras dos pressupostos psicológicos da alfabetização para extrair os princípios norteadores da ação didática. Neste sentido é que foram definidas as didáticas dos níveis pré-silábicos, silábico e alfabético. A didática de cada nível consta, em primeiro lugar, da explicitação do tipo de hipóteses que caracteriza o pensamento do aluno neste período e dos questionamentos que devem provir do contexto didático para que se provoque o conflito necessário à passagem para o nível seguinte. Em segundo lugar, trata-se de identificar certas características do contexto da sala de aula que possam ser provocadoras tanto da construção de hipóteses como de conflitos. Com respeito à alfabetização – pela natureza do sistema de língua escrita que é um objeto eminentemente social – a principal característica do seu contexto de aprendizagem é a presença de materiais escritos e de atos de leitura e de escrita.

A proposta e a aprendizagem dos alunos

Em vários anos de aplicação deste projeto de alfabetização, é possível constatar a vinculação entre os efeitos das atividades didáticas num contexto rico de atos e materiais de leitura e de escrita com a aprendizagem dos alunos.

A montagem de situações didáticas não é feita genericamente para toda uma classe de alunos, mas dirigida especificamente para alunos em diferentes níveis do processo. Pelo desempenho de alunos na aula-entrevista antes referida, aplicada a intervalos regulares durante o período letivo, pode-se ver o avanço de uma classe toda rumo à alfabetização, quando ela vivencia este projeto.

O quadro abaixo dá um exemplo da trajetória geral numa de nossas classes de 1.ª série, em 2007.

	PS1	cp1	PS2	cp2	S	cp3	A	Alfabetizado	Total
1.ª avaliação	2		14		12		4	0	32
2.ª avaliação	0		0		6		23	3	32
3.ª avaliação	0		0		0		19	13	32
Avaliação final	0		0		0		0	32	32

Dois alunos alfabéticos montando palavras a partir de sílabas escritas, muito interessados nos resultados.

Este livro foi composto na tipologia
Adobe Garamond Pro, em corpo 10,5/15,
e impresso em papel offset no Sistema
Digital Instant Duplex da Divisão Gráfica da
Distribuidora Record.